[日]稻盛和夫 著
曹岫云 译

稻盛和夫经营学

中国盛和塾10场报告会实录

机械工业出版社
CHINA MACHINE PRESS

图书在版编目（CIP）数据

稻盛和夫经营学 /（日）稻盛和夫著；曹岫云译 . —北京：机械工业出版社，2018.2（2024.5 重印）

ISBN 978-7-111-59093-4

I. 稻… II. ① 稻… ② 曹… III. 稻盛和夫（Kazuo, Inamori 1932—）－企业管理－经验 IV. F279.313.3

中国版本图书馆 CIP 数据核字（2018）第 021332 号

北京市版权局著作权合同登记　图字：01-2017-9172 号。

本书中文简体字版由稻盛和夫通过稻盛和夫（北京）管理顾问有限公司授权机械工业出版社在中国大陆地区（不包括香港、澳门特别行政区及台湾地区）销售。未经出版者书面许可，不得以任何方式抄袭、复制或节录本书中的任何部分。

稻盛和夫经营学

出版发行：机械工业出版社（北京市西城区百万庄大街 22 号　邮政编码：100037）
责任编辑：冯小妹
责任校对：李秋荣
印　　刷：北京虎彩文化传播有限公司
版　　次：2024 年 5 月第 1 版第 12 次印刷
开　　本：147mm×210mm　1/32
印　　张：8.5
书　　号：ISBN 978-7-111-59093-4
定　　价：69.00 元

客服电话：（010）88361066　68326294

版权所有·侵权必究
封底无防伪标均为盗版

赞　誉

《稻盛和夫经营学》是稻盛先生向中国盛和塾塾生系统传授他的经营学的在华演讲合集，十次演讲分别重点讲述了经营哲学、经营实学的核心理论，以及如何把握稻盛经营学的原点，如何将经营哲学、实学彻底的在企业经营中落地的方法。稻盛先生通过讲述经营者的干法，如何提升心性落到具体的工作中，如何面对企业经营中遇到的各种困难和危机。在中国沈阳的讲演，稻盛先生以"把萧条看作企业再发展的飞跃平台"为题将稻盛经营学的综合应用作出了完美的总结。

——稻盛和夫（北京）管理顾问有限公司总经理　赵君豪

稻盛先生先后创立两家上市公司并把它们带入世界500强，他还在78岁高龄时再度出山，让整合破产后的日航重新上市。在漫长的管理岁月中，他对如何创建企业、管理和治理企业以及提升企业的利润率等形成了自己独到的见解，这些见解都浓缩于《稻盛和夫经营学》一书中。企业家尤其是上市公司的企业家，在经济景气时，一定要像稻盛先生那样追求稳健经营，把打造高收益、低负债作为自己的首要任务和第一责任；在经济不景气时，也要像稻盛先生那样激发全体员工的智慧和能力，从而实现弯道超车。希望更多的企业家在不断学习和磨练中成为更好的自己，让企业经营逐渐走向成熟。

——中国上市公司协会会长、中国企业改革与发展
研究会会长　宋志平博士

我认识稻盛和夫先生近20年。2002年5月正逢南京大学百年校庆之际，我邀请他来我们商学院在我校举办的"企业跨国经营国际学术研讨会"会上作主旨演讲，南京大学授予他"客座教授"称号。

《稻盛和夫经营学》一书是享誉中日的企业家——稻盛和夫先生在六十多年的企业经营过程中的经验精华。稻盛先生认为企业家要有自己的经营哲学，作为领导者要努力提升自己，要注重技术创新，要追求高收益等。这与德鲁克先生在企业管理中重视知识和技术进步、注重成果、追求卓有成效，有异曲同工之妙。

——南京大学人文社会科学资深教授、
商学院名誉院长、博士生导师　赵曙明博士

稻盛和夫和其他的哲学家不一样，也不同于管理大师德鲁克。因为他是一个实践中的哲学家、哲学家里面的实践者。

我特别希望对稻盛和夫理念不是很清楚的人，去听一听稻盛和夫在中国盛和塾的十次讲演，我对每一次讲演都留下了深刻的印象。这本书的内容非常综合全面，从哲学理念，到阿米巴经营手法，到自我的修炼。他谈到了人生成功方程式、六项精进、领

导力等。让我发现真正的领导者，一定要有自己的品行和品德。我们要做企业做好，首先要把人做好。

这一点可能是当下一些企业家特别缺失的。当下的企业，存在一个核心的问题，很多企业虽然赚了很多钱，但是违背了基本规律或是人生的价值观，从而给社会造成了很大的伤害。

今天的中国面对一个世界性的挑战——新冠肺炎疫情。除此之外，中国成了世界第二经济大国，在未来我们遇到的挑战将更多。在世界舞台上展现中国形象的最关键的载体就是中国的企业，外国人怎么看中国，有时候并不取决于中国政府怎么说，或者中国某个人怎么说，而是看中国企业家怎么做！

——北京大学国发院管理学教授　杨壮

稻盛和夫先生是令人敬仰的企业家，可望而不可及。以企业家和管理学家的眼光看，他是经营之神。以经济学家的眼光看，他在日本经济最繁荣的时代缔造了两家世界500强企业，也在日本经济萧条的时期带领日本航空凤凰涅槃。以哲学家的眼光看，他的生活、经营和处世方式近乎完美。他的思想一直闪光，他的作品经久不衰。在世界处于百年未有之大变局，中国正在构建国内国际双循环经济发展新格局之际，我们尤其应该学习稻盛和夫先生的经营学，或在思想层面，或在哲学层面，或在管理层面，或在处世层面。

——经济学家　管清友

稻盛和夫先生既推崇阿米巴经营，又关注组织的长远发展，是一位脚踏实地又富有爱心的优秀企业家，他极度关注组织的愿景设计，引领员工发现内心的愿景，并运用日本哲学家的思想，注重"敬人爱天"的管理思想，积极促进组织的协同和知识的共享，他的企业管理实践昭示着哲学的重要价值，体现了东方文化对企业管理的独特贡献。

——清华大学经济管理学院教授、
《清华管理评论》执行主编　陈劲

创业是一场修行。这些年，中国有越来越多的创业者，按照概率来看，这里面会成长出一批优秀的企业家。在创业早期尤其是互联网文化催生下快速长大的一批创业者，把"快"当做突破成长的秘籍。当从创业者成长为企业家，越来越多生存下来的创业者发现，必须要思考"不快不破"这些快刀法背后的心法，如何有质量的增长，如何在企业内部形成凝聚人心的价值观愈发重要，这些方法在稻盛和夫先生多年的经营思考中都有思考、探索和答案。有质量的增长需要哲思领导力，需要底层思考，这些东西是时间的玫瑰。静心读稻盛，吸收他的经营智慧，让我们中国长出一批伟大的企业家！

——连界资本董事长　王玥

这是一本"企业家"应该看的书。

记得有人说过这么一句话：判断一个"生意人"能否成长为一个"企业家"的重要依据是他是否开始看稻盛和夫的书了！对于此话的对与错，我不想做任何的评论，但我知道，身边做企业的人很多，而我会把他们分为"套利"和"创新"两类，前者或许可以成为"成功的商人"，而后者才是真正的"企业家"。恰恰，稻盛和夫的书仿佛是"披着经营的外衣"的哲学著作。也就是说，在他的书里，最有价值的分享，也恰恰是那些"如何从套利迈向创新"的内容，前者强调做事，后者强调做人。但在我看来，这仿佛是硬币的两面，没有高下之分，但需要实现跨越与融合。因为企业家精神，就是把事情做成事业，同时，让新的思维成为一种新的行为。

——智囊机构董事长　傅强

稻盛先生的经营思想颇受大众欢迎，但不该过度神化。12年《中欧商业评论》的职业历程，我接触了很多创业者和企业精英，也实地调研了各类中外商业模式和案例。作为一个职业观察者，我深刻明白一家初创企业可能遇到的致命陷阱。稻盛先生就是一位最杰出的创业者，从零到一，把一家小县城的工厂推向世界的大舞台。又改换赛道，继续创业。一生遇到几次大危机，从未磨灭他心中的强大信念。如果你也梦想创造自己的事业，我相信这本集稻盛经营思想之大成的书，你一定大有裨益。

——《中欧商业评论》主编　姚音

稻盛和夫思想在中国备受关注，从小白领到企业家，粉丝众多，渐成显学。我体会，稻盛和夫经营学，除了强调知行合一，出发点更是立足在"诚"上，舍此则错失本质。

——资深财经观察家、公号"徐瑾经济人"主理人　徐瑾稻盛和夫一身二任，既是企业家又是哲学家。读他的书时，我常常被其超脱而高贵的企业家境界所折服。在50多年的企业实践中，他思考和总结出了"稻盛和夫经营学"。这也是他创造三个"世界500强"经营奇迹的行动纲领。如今，国内外局势复杂多变，风险挑战明显增多，很多中国企业都困惑于如何在大变局中进行自我革新，实现飞跃。认真读懂这本书，相信它无论是对于个人成长，还是企业经营，都能为你指出一条光明大道。

——《国企》杂志执行总编辑　赵春凌

哲学家总是在追问一个问题：世界的本原是什么。稻盛和夫先生的经营哲学，总在追问"作为人，何谓正确？"他把商业经营为人生，把人生经营为商业。因此，他经常激励自己和团队要努力到神灵出手相助的地步，主张在现实困难中磨炼自己的能力。面对眼下重重的困境，这份"斗魂"和"胆力"值得每个企业的管理者学习！

——笔记侠&更新学堂CEO　柯洲

数十年来，日本经营之圣稻盛和夫先生不顾耄耋高龄和旅途劳顿，在全国各地举办"稻盛和夫经营哲学报告会"，向中国的中小企业经营者传授他的经营哲学和实学，通过稻盛先生一生创办京瓷、KDDI，拯救日航这些活生生的案例告诉我们：企业的经营哲学决定了企业的格局和品格，而企业的格局和品格则决定了企业的价值和生命力。只有具备了向善、向上的经营哲学，并且全体员工能齐心合力付诸实践，企业才有可能形成大格局和高品格,才有可能枝繁叶茂、基业长青。

这个世界上,到底有没有"西方管理思想"?或者说,相对的,有没有"中国式管理"?再或者"日本式管理"?我认为是没有的。这个世界上,只有匹配自己、适合当下的"现代化管理"。稻盛和夫的"利他""敬天爱人""阿米巴",都是"现代化管理"对当下日本商业环境,充满智慧的"适配"。我们要学习稻盛和夫的适配成果,更要学习他的这种适配能力。

——润米咨询创始人,"5分钟商学院"主理人 刘润

学习和践行稻盛经营学九年,我个人最大的收获就是相信向上向善的力量;相信"作为人,何谓正确"作为判断基准的巨大价值;相信"付出不亚于任何人努力"是通往成功之路;相信人生·工作的结果 = 思维方式 x 热情 x 能力。稻盛先生经营学思想对我有很大的帮助,所以我推荐这本《稻盛和夫经营学》。感恩一路走来盛和塾企业家朋友们相互砥砺和加持!心有所信,方能行远。

——成都盛和塾理事长、贝壳找房COO 徐万刚

稻盛先生白手起家创办了京瓷、KDDI两家世界500强企业,同时挽救了濒临破产的日航。《稻盛和夫经营学》这本书浓缩了稻盛先生一生的经营思想,从企业经营哲学的必要性,经营的原理原则,企业经营与核算体系,以及作为领导者应具备的资质和领导的要决,稻盛先生都一一给予了指导。特别是在面对经济萧条时企业应采取的5大对策和企业的自我革新战略,给了我很大的触动。我要把这本书随身携带，让自己可以随时随地在书中找到经营企业的智慧。

——MBA 智库创始人 &CEO　倪其孔

许多人接触稻盛和夫先生的经营学时，有"相见恨晚"之感，恨不得一口气了解其所有内容。中国托曹岫云老师的引入及传播，大量翻译出版了稻盛先生本人的著作，以及其塾生、下属、相关学者对其经营学实践和研究的作品，不下百种，这是一件值得庆幸的事，但同时也让想快速了解稻盛和夫经营学体系的人有"不知从何读起"之感。

《稻盛和夫经营学》一书囊括了稻盛和夫先生在中国的十次演讲。其中的前八篇是稻盛先生 2010 年在中国首次举办经营报告会之际便一口气拟好的系列主题。换言之，稻盛先生认为这八篇演讲是其经营学的主要框架，它们是：《经营为什么需要哲学》《经营十二条》《阿米巴经营》《会计七原则》《领导人的资质》《企业统治的要诀》《干法》《为什么企业一定要实现高收益》。初涉猎者通过读这本书，即可对稻盛经营学有一个整体的概念认识，然后可以从自身感兴趣或有所触动之处入手学习实践，从而一步步深入，向稻盛经营学的真髓靠拢。

这本书在 2018 年在中国首次出版上市，而相同内容的资料在 2019 年年尾日本等盛和塾（稻盛先生主持的学习其经营学的组织）结束之际，由日本事务局本部作为特刊，印制赠送给所有日本塾生留念，每位日本塾生对此可谓如获至宝，爱不释手。可见，作为中国的读者，我们是多么幸运，早早得到了稻盛先生的厚爱。

希望各位读者通过本书走向正确经营、为社会创造价值的康庄大道，同时心想事成，实现人生幸福。我想，这就是稻盛先生对中国企业家及企业相关人员的美好心愿。

——北京子瑜文化传媒有限公司联合创始人　叶瑜

稻盛哲学为什么会长盛不衰、常学常新？在我看来，中国企业和企业家对稻盛哲学的更大需求才刚刚开始，还会不断攀上新的高峰。这是因为，中国企业整体的意义升级、管理升级才刚刚开始，而稻盛哲学的逻辑起点、价值原点，本身就是从"作为人何为正确"，亦即一家企业所承载的人生意义、价值主张到底是什么开始的，然后稻盛先生又现身说法，把"作为人何为正确"全面落实在企业如何提升管理、拓展经营的方法和路径之中，为企业找到了一条真正的基业长青之道。你想不断升级企业乃至自己的生命意义，持续延伸自己事业或企业的生命周期吗？《稻盛和夫经营学》是值得长期陪伴我们的法宝。

——正和岛创始人兼首席架构师　刘东华

对于当今世界上的经营者、管理者来说，提到稻盛和夫，无人不是充满尊敬、佩服和感谢的。他的处事之道、经营哲学，给了我们很多启示，令人醍醐灌顶，发现问题，找到答案。

作为创业者和管理者的我，稻盛和夫先生的书，永远是我的枕边书，时刻提醒我要把用户放在第一位，想用户之所想，急用户之所急，努力带给用户超出预期的结果，那种感觉特别美妙——确认过眼神，与用户携手同行。

我很喜欢稻盛和夫先生关于设立目标的比喻，即"要攀登什么样的山"，首先，攀登的山是实实在在存在的，是通过努力奋斗是能达到的，而不是虚幻的，不切实际的想当然。其次，时间对于每个人都是最宝贵的，没有目标的混日子，得过且过，到头来只会抱憾人生。最后，无论个人生活还是企业经营，当我们疲惫、无助、甚至绝望时，回想当年的"要攀登的山"，则会鼓起勇气，做出抉择、指引行动。

稻盛和夫先生的很多经营理念，其实就是做人的规范，要有底线，克己敬人，尤其要知道什么不能为。

——DCCI互联网研究院院长　刘兴亮

在《稻盛和夫经营学》这本书里，最吸引我的就是《企业的自我革新：从京瓷新产品开发谈起》。我们企业所处的行业属于AI技术落地方面，因此经常会遇到新的技术，新的领域。一方面我们要不断的学习和掌握技术，另外我们还要想办法把这些技术应用到客户的领域。那么，究竟该如何使用这些新技术？对此我特别纠结。

然而稻盛和夫在本文中提到了一个关键信息：那就是要反复的思考。先想出一个概念，然后不断的彩色化。看到这段话，让我产生了一种如获至宝的感觉。是啊，如果只论技术人员的数量和企业的规模，我的企业会被甩的远远的。但是在探索新的应用场景的时候，我们和那些互联网巨头企业里的技术人员其实是站在一个起跑线的。那么，我们还有什么担心？

想当初，稻盛和夫凭借自己的力量开发出来在当时数一数二的产品。这不是因为稻盛和夫受过优良的大学教育,而是因为他保持了一颗纯粹的心。所以能非常顺利的获得来自宇宙的灵感。我读到他的文章,仿佛亲身感受了他在经历研发产品的过程。这让我有了信心,来挑战更高的 AI 落地的应用场景。

——天津市爱贝叶斯信息技术有限公司总经理　张浩

推 荐 序

稻盛和夫（北京）管理顾问有限公司董事长　曹岫云

《稻盛和夫经营学》汇集了稻盛先生在中国十次盛和塾大会讲演的原稿。这是稻盛先生专门为中国企业家量身定做的系列讲演。每一篇讲演，既接地气，又富有思想性。

有一次，一位参会的中国企业家说：这简直是醍醐灌顶。这么精彩的讲演，这么热烈的氛围，这么深刻的感动，是我有生以来第一次体验，很难用语言表达。

我觉得，这位企业家的说法很有代表性。

系列讲演的目录，稻盛先生的秘书很早就给了我。但应我们的要求，顺序上有所调整，比如第三次讲演，原来是"会计七原则"，第四次是"阿米巴经营"，后来把"阿米巴经营"提前了。

思考思考再思考

京瓷公司成立后，为了实现日本第一、世界第一的梦想；为了履行员工幸福和为社会贡献的使命，稻盛夜以继日、废寝忘食，持续不亚于任何人地努力工作，同时，他还持续不亚于任何人地努力思考。

日有所思，夜有所梦。

在公司成立后第六年，京瓷业绩持续大幅攀升，某天，稻盛做了一个梦。第二天，他把这个梦告诉了他年轻的伙伴们，地点是他们经常聚会的、京都祇园花见小路的一家小酒馆"春喜"。

梦境如下：

京瓷破产了，我穿着破破烂烂的上衣，皱皱巴巴的裤子，把一张一千日元的纸币捻成一圈，塞进口袋。走进"春喜"时，把皱着的纸币展开，对老板娘说："拿酒来！"但对方没有动静。

老板娘瞧了我一眼，露出鄙夷的神情，用轻蔑的口吻说："这个人穿着这么褴褛，是不是脑子有毛病啊。"

我委屈地说："以前我常来这里啊，我是京都陶瓷的社长啊！"

尽管现实中京瓷是一片兴旺景象，但深刻的危机感渗入了稻盛的潜意识。

为了避免企业遭遇危机，突然破产，稻盛在拼命工作的同时拼命思考。

思考思考再思考，反复思考、深入思考、透彻思考，成了稻盛先生的习惯。本书中的每一篇讲演，都是稻盛思考的产物。

思考就是哲学

稻盛和夫讲演系列是稻盛先生多年来不断思考的结晶。我想将自己在编译这系列书籍过程中的感想告诉读者。

"心之官则思"，每个人每天都在思考。但思考有自觉和不自觉之分，有深刻和肤浅之分，有正确和错误之分。

思考是种子，行动是花朵，成败是果实。从这个意义上讲，思考是一切的起源。

参天大树原本只是沉睡的种子；翱翔天空的苍鹰早先只在卵中待命；世界上一切伟业，最初不过是伟人心中的一个梦想而已。

中国历史上没有"哲学"这个词汇，据说这个词汇从日本引进，而日本又从希腊语"PHILOSOPHIA"翻译而来。

被称为"近代哲学之父"的笛卡尔说："我思，故我在。"据说西方有人对"哲学"的定义是："对人的本质进行思考这种行为本身就是哲学。"

提倡自由地深入地思考，其结果之一就是促进了科学技术的迅猛发展。

经营哲学

在稻盛和夫先生之前，日本很少甚或没有人将"经营"和"哲学"两个词汇联系在一起。而在中国，改革开放后虽然提倡"科学管理"，但是在很长时间内却没有"经营哲学"这样的说法。但近年来，"经营哲学"这个词汇在日本、在中国开始流行，逐渐成为常用语。

但是早在60多年前，稻盛先生就开始思考经营和哲学的关系。

1956年稻盛在一家名叫"松风工业"的陶瓷企业打工，时年24岁。

当时日本三井物产有一位"大人物"吉田先生负责松风工业绝缘瓷瓶的出口业务。吉田常来公司调查。他发现该公司其他部门意气消沉，唯有稻盛领导的"特磁科"士气高昂，热火朝天，吉田觉得不可思议。

凑巧的是，这位吉田先生和稻盛在鹿儿岛大学时的恩师——内野教授是东京大学的同窗好友。内野在吉田面前曾经多次夸奖过稻盛。吉田在调查结束时提出要约见稻盛和夫。

稻盛觉得吉田虽然是老前辈、大人物，但很可亲，值得信任，同他交流是难得的机会，于是就将平时头脑里经常思考的"松风工业"经营上的事情，直率地、毫无保留地告诉吉田。切身经历加上深思熟虑，稻盛讲得既生动又具说服力，无论是话题、措词、内容以及其中包含的思想，都与稻盛当时的年龄、身份很不相称。

吉田先生一声不响，神情专注，静听稻盛述说，最后大声说道："才二十几岁，年轻人，真不简单，你已经有了自己的PHILOSOPHY。"

稻盛当时不知道PHILOSOPHY是什么意思，回到宿舍一翻辞典，PHILOSOPHY就是"哲学"。那瞬间，稻盛心中不由自主地一阵颤动。

吉田不愧为有见识的大人物，他一句话就点中了稻盛思考的本质，可以说，这句话催生了后来的"京瓷PHILOSOPHY"即"稻盛哲学"。

"经营为什么需要哲学？"几十年来就是稻盛经典讲演的主题之一。如果说泰勒首倡了"科学管理"，那么稻盛和夫首倡了"经营哲学"。我想这种说法符合事实。

正确思考

稻盛先生白手起家，40年间创建了京瓷和KDDI两家世界500强企业。2010年2月1日，78岁高龄的稻盛先生在退休13年后东山再起，应日本政府邀请，出任破产重建的日航董事长，在万众瞩目之下，仅仅10个月，就大幅度扭亏为盈，创造了日航历史上空前的1580亿日元的利润。然而，这一切不过是稻盛哲学的产物。或者说，这种不可思议的成功，仅仅起源于稻盛先生的正确思考。

稻盛先生是理工科出身，作为一名科技工作者，在新型精密陶瓷领域，他年轻时就有许多划时代的发明创造。稻盛先生具备科学家合理思考、追究事物真相的科学精神。

作为企业家，稻盛先生既气势如虹又心细如发。他不但善于把握宏观形势，做出类似参与通信事业这样超人的战略决策，而在企业管理的所有细节上，通过贯彻"钱、物、票——对应""双重确认""玻璃般透明的经营"等方法，详细把握经营的实态，把握事情的本质。稻盛先生创建了精致、缜密、实用的稻盛和夫会计学和阿米巴经营模式。如果你读过他的书，相信你一定会对稻盛先生彻底的、实事求是的态度肃然起敬，并且能理解稻盛的企业60多年持续盈利的秘诀。有如此作为的企业家闻所未闻。

为了进一步净化自己的心灵，在精神世界追求更高的境界，65岁后，稻盛先生曾一度投入佛门，认真修行。但稻盛先生并不停留在对佛教单纯的信仰上，结合自己丰富的人生实践，他还对佛教的精髓"六波罗蜜"即布施、持戒、精进、忍辱、禅定、智慧，做出了积极的、深入浅出的解释，令人倍感亲切。

科学家、企业家之外，我认为稻盛先生最本质的特色在于他是一位"彻底追究正确思考的哲学家"。

人类有史以来有不少卓越的思想家、哲学家。而哲学家同时又身兼科学家、企业家，一身而数任的人，稻盛先生或许是独一无二、天下无双。而更可贵的是：稻盛生生不仅养成了深思熟虑的习惯，而且他是一位彻底地追求正确思考的哲学家。

人究竟应该怎样去生活？企业家应该如何正确地经营企业？正确的人生观对个人、对组织、对人类具有何等重大的意义？提出如此重大命题的人意外的少。而不停地提出、思考、回答这些问题的，就是稻盛先生的哲学和实践。

稻盛哲学的原点是"把作为人，何谓正确？当作判断一切事物的基准"。

稻盛哲学的核心用一个方程式表达就是：

人生·工作的结果 = 思维方式（人格 理念）× 热情 × 能力
　　　　　　　　　$-100 \sim +100$　　　　　$0 \sim 100$　$0 \sim 100$

如此鲜明地简洁地提出如此重要的哲学观点，并一辈子切实实践的企业家，稻盛之前无古人。

正确思考的威力

稻盛先生的青少年时代充满挫折甚至苦难。大学毕业后好不容易入职的企业却连续十年赤字，连工资也不能如期发放。为此，稻盛先生曾经怨天尤人。但当身为技术员的稻盛先生正确思考一个优秀的技术员应该如何开展研究工作,并全身心投入时,奇迹出现了。

稻盛被石蜡树脂差点绊倒的一瞬间,他发明了新型陶瓷中划时代的新材料——镁橄榄石;当他看到高温炉中板状陶瓷零件像鱿鱼般翘曲时,突然产生用手从上面压住的冲动,从而获得灵感,干脆利落地解决了重大的技术难题……

稻盛27岁创业,因为不知如何正确经营企业而苦恼时,他又获得灵感,确立了在经营中判断一切事物的基准——作为人,何谓正确?

京瓷初创时的28名员工中近20名是初中生,稻盛自己也只是一家地方大学的毕业生。为了回答"能力平凡的人怎样才能取得不平凡的成功?"稻盛想出了上述精彩的人生方程式。

京瓷发展壮大,稻盛先生忙得不可开交时,他又从孙悟空拔毛吹出分身的故事中获得灵感,创造了阿巴米经营模式,实现了真正的全员经营,奠定了京瓷、KDDI稳步而又快速发展的基础。

稻盛先生深入浅出地、朴实而生动地阐述企业经营的规律,并用自己亲身实践证明了这些规律正确有效,又指导众多企业家运用这些规律取得大量成功。这是世界企业经营史上闻所未闻的奇观。

孙正义创建的"软银"也是世界500强企业。孙正义曾是稻盛创办的"盛和塾"的塾生。后来在拜访稻盛先生时,孙正义说:"如果没有稻盛先生敬天爱人的思想和阿米巴经营,就没有软银的今天。"

"盛和塾"有15000名企业家塾生,他们学习并实践稻盛先生正确的经营思想,大部分企业都有了不同程度的进步,其中上百家企业已经成功上市。

"神"的智慧

稻盛先生是2010年2月1日正式出任日航董事长,而在此前的1月19日,日航公开宣告破产重建。这一天稻盛按预定日程乘日航的飞机参加夏威夷盛和塾的开塾仪式。在大阪关西机场,稻盛对前来送行的日航关西支店长山口先生说:"我是为了日航的员工才到日航来的"。又说:"日航的干部要一天24小时思考日航的经营问题"。这两句话深深地刻入了山口先生的心中。

稻盛先生强调:"在高尚的思想里蕴藏着巨大的力量"。为什么呢?

思考是人的显意识在发挥作用。但如果你怀抱善念,针对某一难题,朝思暮想、左思右想、前思后想、苦思冥想,一天24小时思考,反复地、深入地、强烈地思考,这样,你的愿望会渗入潜意识。在不经意间,潜意识会突然给你灵感,让你心中一亮,立即抓住事物的核心,问题顷刻间迎刃而解。

稻盛先生把这种灵感称为"神的智慧"。回顾发明镁橄榄石的过程,稻盛先生说:"当时在我头脑里闪过的这种灵感,并非出于我个人的实力,在我偶然绊上松香树脂容器的一刹那,是神给了我启示,让我产生思想的闪光。是神看到我日日夜夜、呕心沥血、苦苦钻研的样子,心有不忍,可怜我,故意让我绊跤,赐予了我最高的灵感。"

稻盛先生说:"如果不是这样,就无法说明为什么能力平平、缺乏知识、技术、经验、设备的我,竟然能够做出世界一流的发明创造。"

宇宙之心

根据宇宙物理学最权威的"大爆炸"理论,广袤浩瀚的宇宙原本只是一小撮高温高压的基本粒子的团块。经"大爆炸"产生的质子、中子、介子组成原子核,再与电子结合构成原子,原子结合形成分子,分子组成高分子,从中产生 DNA 从而孕育出生命体,生命从低级进化到高级,最终出现人类。宇宙为什么在演化过程中一刻也不肯停顿?这绝非偶然。不妨设想存在着"宇宙的意志",或叫"宇宙之心",它促使森罗万象一切事物向好的方向发展。

稻盛先生强调,如果我们的想法与"宇宙的意志"同调,我们的事业一定繁荣昌盛,反之,即使一时成功,最终则必然衰落乃至灭亡。个人如此,企业如此,国家如此,整个人类亦如此。

《稻盛和夫经营学》是稻盛先生十几年甚至几十年思考和实践的产物,是正确做人做事的最高智慧,其中妙语如珠,格言箴言接二连三。其中每一篇都足以引发我们深思,如果它融入我们的血液,我们的事业一定繁盛不衰,我们的人生一定幸福美满。

自　序

从1959年至今长达半个世纪内，我创建并经营了京瓷和KDDI两个企业集团。很幸运，这两个集团都取得了长足的发展。现在这两家的业绩简单加算，销售额达4.7万亿日元，利润逼近6 000亿日元。

另外，我接受日本政府的邀请，就任代表破产重建的日本航空公司的董事长。在重建过程中，我着力于经营干部的意识转变，以及企业体质的改善，这样努力的结果，第一年就取得了可喜的成果，业绩大幅超过了重建计划中预定的数字，现在日本航空的利润率已达到两位数以上，正在变成一个高收益的企业。

取得这些成就，原因不过是在企业经营中，我彻底地贯彻了经营的原理原则而已。那么所谓原理原则是什么？那就是"贯彻做人的正确的准则"。我在必须做出经营判断的时候，总要扪心自问："作为人，何谓正确？"坚持把作为人应该做的正确的事情以正确的方式贯彻到底。

或许有人认为，这样的经营要诀未免太简单、太朴实了。但是，正因为贯彻了这条原理原则，我自己，以及继承我工作的京瓷和KDDI的经营干部，才没有发生过经营判断上的失误，才使企业顺利地成长并发展到今天。

我的经营哲学还有另外一个侧面。那就是：立足于宇宙的本源以及人心的本源来展开经营活动。

我认为，在这个宇宙间，流淌着促使万物进化发展的"气"或"意志"。同时我认为，人的本性中充满着"爱、真诚与和谐"。所谓"爱"，就是祈愿他人好；所谓"真诚"，就是为社会为世人尽力；所谓"和谐"，就是不仅让自己也要让别人生活幸福。

我们每一个人都以充满着"爱、真诚与和谐"之心去生活、去工作，那就意味着与引导万物向好的方向发展的宇宙的潮流相一致，这样我们的经营就会顺畅，人生就会美满。这就是我在80多年漫长的人生中坚信不疑的"真理"。

本书就是遵循这样的思想，由近年来我在中国的系列讲演编辑而成。面对中国的经营者和企业干部、政府官员和大学学者，还是一般民众，我都从原理原则讲起，涉及人的本性和宇宙的本源，阐述经营和人生的要诀，获得了人们广泛的赞同。

近来，我的系列书籍在中国出版发行，作为著者，我衷心希望，从人和宇宙的本源谈起的我的哲学，能够跨越国界、民族和语言的障碍，到达广大的中国男女老少的手中，为让他们的人生更美好、经营更出色做出我的一份贡献。同时，如果这对促进一衣带水的中日两国的友好关系也能助上一臂之力的话，那就是我的望外之喜了。

在本书出版之际，请允许我对为出版本书做出不同寻常努力的稻盛和夫（北京）管理顾问有限公司的曹岫云董事长，以及热心出版我的著作的机械工业出版社表示深切的谢意。

目　录

赞　誉

推荐序

自　序

经营为什么需要哲学 | 001

稻盛经营哲学诞生的过程 | 001

如何与员工实现"哲学"共有 | 016

如何提升领导者的人格 | 019

经营十二条 | 025

第一条：明确事业的目的和意义——树立光明正大的、符合大义名分的、崇高的事业目的 | 027

第二条：设立具体的目标——所设目标随时与员工共有 | 030

第三条：胸中怀有强烈的愿望——要怀有渗透到潜意识的强烈而持久的愿望 | 032

第四条：付出不亚于任何人的努力——一步一步、扎扎实实、坚持不懈地做好具体的工作 | 035

第五条：销售最大化、经费最小化——利润无须强求，量入为出，利润随之而来 | 038

第六条：定价即经营——定价是领导的职责 | 040

第七条：经营取决于坚强的意志——经营需要洞穿岩石般的坚强意志 | 043

第八条：燃烧的斗魂——经营需要强烈的斗争心，其程度不亚于任何格斗 | 046

第九条：临事有勇——不能有卑怯的举止 | 047

第十条：不断从事创造性的工作——明天胜过今天，后天胜过明天，不断琢磨，不断改进，精益求精 | 049

第十一条：以关怀之心、诚实处事——买卖是双方的，生意各方都得利，皆大欢喜 | 051

第十二条：保持乐观向上的态度——抱着梦想和希望，以坦诚之心处世 | 054

阿米巴经营 | 057

阿米巴经营的由来 | 058

阿米巴经营的三个目的 | 060

阿米巴组织划分的三个要点 | 069

阿米巴之间的定价 | 072

阿米巴经营从哲学共有开始 | 076

会计七原则 | 081

京瓷会计学的产生 | 082

第一条原则：以现金为基础的经营原则 | 085

第二条原则：一一对应原则 | 087

第三条原则：筋肉坚实的经营原则 | 092

第四条原则：完美主义的经营原则 | 095

第五条原则：双重确认的经营原则 | 097

第六条原则：提高核算效益的原则 | 099

第七条原则：玻璃般透明经营的原则 | 102

领导人的资质 | 105

第一项资质：具备使命感 | 107
第二项资质：明确地描述目标并实现目标 | 110
第三项资质：不断地挑战新事物 | 114
第四项资质：获取众人的信任和尊敬 | 120
第五项资质：抱有关爱之心 | 125

企业统治的要诀 | 129

作为经营者，要让员工爱戴你，甚至迷恋你 | 130
领导者要向全体员工阐述工作的意义 | 135
领导者要向员工揭示企业的愿景目标 | 138
明确公司的使命，并与全体员工共有 | 140
领导者要向员工讲述哲学，通过学习提高心性，共有哲学 | 148
小结 | 151

干法：经营者应该怎么工作 | 153

事业成功的前提是强烈而持久的愿望 | 154
事业成功的保障是付出不亚于任何人的努力 | 159
经营者要"为了追求全体员工物质和精神两方面的幸福"而持续
　　努力工作 | 160
让成功持续最重要的"干法"就是经营者的"无私" | 165

为什么企业一定要实现高收益 | 177

我是如何想到企业要以高收益为目标的 | 178

为什么企业必须实现高收益 ｜ 183

利润率要达到多少才算高收益 ｜ 193

把萧条看作再发展的飞跃平台 ｜ 203

萧条对策一：全员营销 ｜ 209

萧条对策二：全力开发新产品 ｜ 211

萧条对策三：彻底削减成本 ｜ 213

萧条对策四：保持高生产率 ｜ 215

萧条对策五：构建良好的人际关系 ｜ 216

企业的自我革新：从京瓷新产品开发谈起 ｜ 221

创造这个世界上没有的产品 ｜ 222

孕育"革新"的企业风气 ｜ 223

把开发新产品、新事物植入员工的心中 ｜ 227

相信成功，把"不可能"丢到九霄云外 ｜ 231

具备纯粹的心灵，很容易就能把困难克服 ｜ 234

盛和塾 ｜ 239

经营为什么需要哲学
——在稻盛和夫经营哲学北京报告会上的讲话

有这么多人来参加稻盛和夫（北京）经营哲学报告会，请允许我表示诚挚的感谢。

这个会议有许多日本和中国无锡的盛和塾塾生赶来参加，同时还有稻盛和夫（北京）管理顾问有限公司组织的稻盛和夫经营研究中心的成员参加。

新成员中大部分人是第一次听我讲话，所以，**我想就企业经营中最基本的问题——经营哲学的必要性谈谈我的看法，讲演题目就叫"经营为什么需要哲学"。**

在座日本塾生中有人参加过此前"盛和塾"夏威夷的开塾仪式，听过我类似的讲话。但这个话题在企业经营中非常重要，希望再次倾听以便加深理解。

稻盛经营哲学诞生的过程

我在 27 岁时，在几位朋友的援助下创立了京瓷公司。公司创业时的产品是电视机显像管里用的绝缘零件，这是用我在此前工作过的松风工业——一家制造电力绝缘瓷瓶的企业——开发的精密陶瓷材料制作的产品。

当时我还很年轻，刚从大学毕业不久，在松风工业我负责从产品的研究开发、生产制造到销售的一系列工作。也就是说，不仅是研究新材料，而且从使用这种材料开发产品到制定生产工艺，设计生产设备，从日常的生产活动到与客户打交道的营业活动，有关这个产品的几乎全部工作都由我来承担。

但是，就公司经营而言，我没有任何经验和知识。因此，在京瓷公司成立之初，300万日元资本金的筹措，为购置设备等从银行借贷1 000万日元等事情，即创建公司的准备工作应该如何进行，我都不懂。甚至，创业第一个月，连28名员工工资、奖金支付，资金周转应该如何运作，我都摸不着头脑。

当时，产品唯一的客户是松下电子工业，我忙于去交货，忙于收取货款，努力工作，但作为经营者，到底应该怎样经营企业，从一开始，我就烦恼不安。"经营企业到底该怎么办才好？"从理念到方法，我每天都认真思考。在这个过程中，孕育出了我的经营哲学的原型。

其实，时时从根本上思考事物应有的理想状态，这种思考的习惯，从松风工业时期就开始了。

松风工业连续亏本，到发工资时付不出工资，常常要拖延一两个星期，奖金就更谈不上了。企业与工会总是纷争不断，公司内红旗招展，一年到头罢工不停。情况非常糟糕。

我想离开这个公司却不能如意，公司分配给我的工作是开发新型陶瓷材料，我不得不投入这项研究。工资待遇低，缺乏像样的研究设备，条件恶劣，在这种情况下，要想做出出色的研究成果，该抱一种怎样的心态来投入工作？这个问题，我每天都思考，烦恼不已。

从这时起，"为了做好工作，必须有这样的思维方式，必须抱这样的心态。"每当我有所感悟时，我就把自己的想法记在研究实验用的笔记本上。

当我开始经营京瓷公司的时候，我常常把记录了我工作要诀的笔记本拿出来，再添加上在经营中新的体悟，将这些工作和经营中的要点重新整理，这就是所谓的"经营哲学"。

我自己投身于工作，埋头于经营，在实践中不断思索"究竟该怎么做，工作和经营才能顺利进展"。在这个过程中，**终于领悟的有关工作和经营的理念、思维方式以及具体的方法模式，归纳起来就是"经营哲学"。**

这种"经营哲学"，我不仅亲身实践，而且认真地给员工们讲解。但是，将这种经营哲学灌输给员工，让整个团队共同拥有的时候，往往受到抵制。有的人说，拥有什么思维方式，难道不是个人的自由吗？

但是，企业这样的集团，为了其中的员工们的幸福，需要揭示高目标，需要不断发展成长，这就要求有正确的哲学、正确的思维方式作为共同的基准，在此基础上把全体员工的力量凝聚起来。

特别是领导众多员工的公司干部，必须是充分理解公司的思维方式、从内心与公司的哲学产生共鸣的人。"那样的哲学同我的想法不合，我无法接受。"如果有这样的干部，公司的力量就无法聚集起来。

当然,不光是干部,一般员工也要与公司一条心,一起朝着相同的方向努力奋斗。为此,他们必须加深理解公司的哲学、思维方式,大家共同拥有这种哲学。

但是,前面提到,这样强调,一定会有人抵触。尽管如此,但首先大家必须理解一个道理:企业是一个集团,为了实现高目标,大家在工作中必须配合协调,不管个人好恶,全体人员都需要拥有共同的思维方式,需要理解并赞同这样的思维方式,这是做好工作、实现企业目标的前提。

"我很讨厌将企业哲学强加于人"。对于持这种观点的人,应该很明确地告诉他:"你抱这种观点,在这个公司我们就无法共事。你既然讨厌我们用这种哲学来经营企业,那么你就应该辞职,去找一家适合你想法的公司。"

不理解、不赞同公司的哲学,而表面上又装出理解赞同的样子,彼此都不愉快,既然如此,你就应该去寻找与你的思想哲学一致的企业。我认为这一点必须明确,没有任何妥协的余地。

那么,经营为什么需要哲学呢?我认为有以下三个理由,可以说明在经营企业时,经营哲学不可或缺。

第一个理由:所谓哲学,首先是经营公司的规范、规则,或者说必须遵守的事项。

经营公司无论如何都必须有全体员工共同遵守的规范、规则或事项,这些作为"哲学",必须在企业内部明确地确立起来。

但是,事实上,规范、规则,或者说必须遵守的事项并不明确的企业比比皆是。就是由于这个原因,无论古今东西,各色各样的企业丑闻不断发生，历史上一些有名的大企业甚至因为这类丑闻而遭到无情的淘汰。

稍稍回顾一下过去。在日本，因食品作假的雪印乳业公司、因做假账粉饰财务数据的钟纺公司，这类历史上的名门大企业都消失了。在美国，大型能源企业安然公司、美国第二的世界通信公司，都因财务做假而崩溃了。在中国，大型乳制品企业三鹿集团，因为对三聚氰胺事件负有责任，导致资不抵债而破产，这件事在日本也有报道。

以上的例子，起因都是企业忽视了经营企业必须遵守的规范、规则。企业舞弊丑闻之所以发生，都是因为企业没有明确确立自己的"哲学"，或者说这种"哲学"没有在企业里面渗透。

在多数企业里，没有经营者会向员工提出"作为人，何谓正确"这个问题。而我思考的所谓"哲学"正是针对这个问题的解答。

同时，这也是孩童时代父母、老师所教导的做人最朴实的原则。例如，要正直，不要骗人，不能撒谎，等等。

"这么起码的东西还需要在企业里讲吗？"或许有人感到惊奇。但是正因为不遵守上述基本的做人原则，才产生了各种各样的企业丑闻。

例如，为了获利，"这种程度的违规没有关系吧"，将公司内的规范、规则稍稍扭曲，结果行通了。于是，"稍进一步的违规也没问题吧"，规范、规则更抛在一边。这样，企业或者产品就会发生问题，如果将问题公开，企业可能蒙受巨大损失。于是，采取"不如实公布，沉默以对"的态度。而内部告发、问题暴露时，企业又出面掩饰、做假报告等。结果舆论谴责企业说谎骗人、掩盖真相，事态愈加复杂，最终导致企业崩溃。

这就是出身于一流大学、跻身于一流企业领导人岗位的经营干部做出的事情。与这些企业精英们讲什么"要正直，不要骗人，不能撒谎"，似乎太幼稚太愚蠢了，他们会一笑了之。然而，这么简单的道理他们却不能实行，这就是导致企业崩溃的根本原因。

这么单纯的哲学，企业的干部们却没有将它变成日常生活中的规范、规则和必须遵守的事项。

换句话说，没有将依据哲学的规范、规则和必须遵守的事项当作自己日常生活的指针，当作经营判断的基准。

我认为，正因为缺乏这种朴实哲学的人成了大企业的领导者，才招致今天世界上许多大企业丑闻频发。而其结果是整个社会陷入极度的混乱。

庆幸的是，我缺乏经营的经验和知识，有关企业经营的规范、规则和必须遵守的事项，仅仅从"作为人，何谓正确"这一句话中引申出来，并用它来说服员工。

"作为人应该做的正确的事情以正确的方式贯彻到底"，虽然是极为简朴的判断基准，但正因为遵循由此得出的结论去做，京瓷从创立以来长达半个世纪，经营之舵从未偏离正确的方向。

后来京瓷进军海外，这样的判断基准更成为全世界普遍适用的哲学。

第二个理由：所谓"哲学"，用来表明企业的目的和企业的目标，即要将企业办成一个什么样的企业。

同时这种"哲学"还要表明，为了实现自己希望的、理想的企业目的，需要有什么样的思维方式。因此，这种"哲学"在企业经营中必不可缺。

京瓷公司刚诞生时，在日本的古都京都西侧的中京区西京原町借了一间木结构的房屋，当时员工尚未满百，面对他们我反复强调：

"要把京瓷这家公司办成西京原町第一的企业；西京原町第一以后，就要瞄准中京区第一；中京区第一以后，接着是京都第一；实现了京都第一，再就是日本第一；日本第一后，当然就要世界第一。"

这在当时宛如一个梦想。

这既是给员工们的一个梦想，也是为了鼓励作为经营者的我自己。说实话，在说出这种梦想的一瞬间，我自己心中也有疑虑。

当时西京原町已经有了非常有名的企业——京都机械工具公司。那时汽车产业蓬勃兴起，这个企业从早到晚满负荷工作。要超过它成为西京原町第一，实在太难了。

说到中京区第一，瞬间就会想到岛津制作所，当时它就已经是制造理化设备日本第一的公司，近年来还出过诺贝尔奖的获奖者。要想超过岛津制作所，我自己也认为那简直是白日做梦。

更何况是日本第一。仅看同行，当时就有"日本电瓷瓶公司"和"日本特殊陶业公司"两家名门企业耸立在精密陶瓷的行业里，当时弱不禁风的京瓷公司却要瞄准日本第一，未免太过荒唐滑稽了。

然而，即便如此，我依然不断向员工们诉说"日本第一，不，要瞄准世界第一"。与此同时，为了成为世界第一的公司，干部员工应该如何思考，如何行动，从思维方式到工作方法，都要指明，就是说，必须在企业内确立这样的哲学。

实际上，从京瓷还是中小配套企业开始，我就希望把京瓷做成精密陶瓷世界第一的企业。我不断向员工们诉说为了实现这样的高目标所必需的思维方式和工作方法。朝着这一方向，全体员工团结一致，共同奋斗。

因此，在我的哲学中，"树立高目标""持续付出，不亚于任何人的努力""把自己逼入绝境""极度认真地生活"这类表达克己的严肃的思维方式和人生态度的句子随处可见。

我自己从年轻时开始，就强烈地意识到，必须揭示高目标，为了实现这种高目标，必须具备在"哲学"中提倡的那种严格的生活态度，并努力实践。

曾经有如下一段逸话。

日本有一家大型内衣企业华歌尔公司，总部设在京都。它的创业者塚本幸一先生活着的时候，常召集京都的企业家朋友喝酒聚会。塚本先生年龄比我大一轮，属相与我相同，他很爱护我，像亲兄弟一样。

当时京都还有一家叫罗希安的公司，也做纺织品。这家公司的第二代社长也常来聚会。他毕业于精英辈出的东京大学，后来在有财阀背景的大银行住友银行工作，子承父业当了第二代社长，比我小两三岁。

他喜欢喝酒，经常喝得酩酊大醉。同他一起喝酒议论时，因为我持有"哲学"里的那些思维方式，即使在喝酒时也不免谈及一些认真严肃的话题。

这时候，这位第二代社长就说："不，稻盛君，我才不那么想呢。"他主张人生应该过得轻松快乐。因为他头脑聪明，又是名门之后，从没吃过苦头，才有那样的想法吧。我们争论时，正好经济不景气，华歌尔的塚本社长正在担心今后的经济形势。我说："经济环境严酷，在企业经营中更需要认真的慎重态度。"这位第二代社长说："不，我不这么认为。"争论开始了。

这时候，塚本社长突然厉声喝道："喂！请你闭嘴！"因为事情太突然了，我吃了一惊。性格开朗、喜欢与大家一起干杯的塚本先生板起面孔，大声呵斥，周围的人，尤其是被斥责的那位当事人不免大吃一惊。接着，塚本先生又说道："你说什么呢，你以为你与稻盛君可以相提并论吗？你与稻盛君无法类比，你还要比什么呢？"

"稻盛君赤手空拳创办企业，把京瓷做成了如此优秀的企业。我创办华歌尔，做到了现在的规模，即便是我也要对稻盛君刮目相看。而你呢，不过是子承父业，企业经营得那么差劲，你有辩论的资格吗？有什么样的哲学就会有什么样的经营，这毫无疑义。针对稻盛君的哲学，你有坚持自己哲学的资格吗？"

就是说，轻松愉快地享受人生，马虎随意地经营企业，而经营业绩竟可以超过认真辛苦、拼命努力的京瓷，如果是这样，那么你的意见或许还值得一提。但是你浅薄的哲学只获得了很差的业绩，而你却要与取得高业绩的经营以及经营哲学唱反调，有什么意义呢？

当时，聚在一起的京都经营者朋友有10余人，被塚本先生斥责的当事人，以及在场的其他经营者，或许多数人并不明白塚本先生说话的真义。

但当时，我痛切地感受到了塚本先生想要表达的意思。**那是说，本来彼此瞄准的目标就不同，却要比较达成目标的哲学和方法，这种比较没有意义。问题在于"要攀登什么样的山"。**

例如，像远足一样去爬附近的小山，当然不需要任何训练，轻装去爬山就行了。但如果要攀登险峻的高山，就需要严格的训练和充足的装备。

更何况，如果想征服世界最高峰珠穆朗玛峰，那就需要具备高度的攀登技术和丰富的经验，需要长期露营必备的充足的食品装备和周密的准备。就是说，拿郊游爬小山与攀登珠穆朗玛峰相比较，展开争论没有什么意义。

"要攀登什么样的山"，这用来比喻企业经营非常贴切。就是说，京瓷从还是中小配套企业时开始，就立志要成为世界第一的陶瓷企业，为了达到这个目标，"必须有这样的思维方式、这样的方法模式"，这样的思考归纳成为哲学，这种"哲学"就是京瓷攀登高山时所需要的准备和装备。

"要攀登什么样的山"，就是说，你想创办什么样的公司，目标不同，规范公司需要的哲学、思想也不同。一旦树立了高目标，那么很自然就需要与之相适应的思维方式以及方法论。正因为如此，在我的"哲学"里罗列着许多克己的严肃条目。

所以，每当京瓷的员工们去参加同学聚会时，从友人那里常听到这样的感叹："在那么严格的公司里面，你还干得不错啊。"

这是因为京瓷瞄准的是"世界第一"的高目标。

但是，认真想一想，从京瓷还是中小配套企业时开始，我就梦魇般地不断诉说要成为世界第一，努力奋斗到今天，京瓷果然成长为世界第一的陶瓷公司，这样的结果证明了我的哲学，即我强调的思维方式和方法论是正确的。

如果说，我的哲学与我们要攀登的世界第一的高山不相适应，京瓷就不可能发展成为今天这样的公司。

从这个意义上说，这种"哲学"是已经被事实证明了的正确的经营哲学。所以，希望中国的经营者们今后能够坚定信念，认真学习这种"哲学"。

第三个理由：这种"哲学"可以赋予企业一种优秀的品格。就像人具备人格一样，企业有企业的品格。企业经营非常需要优秀的哲学，就是因为这种哲学可以赋予企业优秀的品格。

人要具备优秀的人格，企业要具备优秀的品格，要做到这些，就要弄明白"作为人应有的正确的生活态度"，而哲学，正像前面提到的一样，它就是用"作为人，何谓正确"为基准进行对照，从中归纳出来的"正确的为人之道"。

这种"正确的为人之道"立足于具备普遍性的伦理观之上，所以这种"哲学"的内容超越国界，在"全球性经营"中也能有效地发挥作用。

京瓷现在在全世界有很多生产据点和销售据点，员工大部分是外国人，作为全球性企业在全世界开展业务活动。在语言、民族、历史、文化完全不同的地区和国家开展事业，从事企业经营的时候，如何"治人"这个问题特别重要。

自古以来,"治人"有两种方法,一种是欧美常见的方法,就是用强大的权力来压制人,统治人,这种办法在东亚称为霸权主义,或称为"霸道"。

另一种方法,就是亚洲,特别是以中国为中心的国家和地区所倡导的"德治",就是用仁义来统治的方法。这种"德治"的方法叫作"王道"。

以力量来压制人,即以力治人;以仁义来治人,即以德治人。"霸道"和"王道"这两种统治方法,自古以来就争执不休。

翻开中国几千年治乱兴亡的历史,这一点看得很清楚。

某个时代,用霸道夺取政权的当政者用武力迫使人们顺从,但过了不久,在睡梦中被人取了首级,用武力统治的当政者因武力而没落。尔后群雄割据争霸,由霸道统治的时代得以持续一段时间。但霸权主义终于走到尽头,乱世过后,人们渴望治世,渴望以德而治的王道出现,受到民众信任和尊敬、以仁义治国的当政者登上历史舞台。以王道治国的当政者人格圆满、仁慈平和,因政治清明而出现盛世。但经过一段时期,不行使武力的统治者因过于温和而遭到蔑视,于是反乱再起,施行王道的政权又被推翻。

中国几千年的历史可以理解为霸道和王道交替出现的历史,从中可以看出,如何治人,对于任何一个时代的当政者来说,都是极为困难的课题。

创业后第9年,当时京瓷还是中小型骨干企业,在日本企业中算是最早进军美国的,在斯坦福大学附近的库巴第诺,就是现在的硅谷设立了事务所,派遣了两名员工,开始在美国展开营业活动。

工作忙碌起来以后，雇用了当地一位日裔员工。这位日裔员工面孔同日本人一样，但思维方式完全是美国人的一套，除了懂得一点日语之外，在各个方面都同我们持不同的意见，我们不得不面对这个问题。后来在山迪埃谷设厂时聘用了一位美国的工场长，同他之间也总是意见对立，格格不入。**因为有了上述经验，我认识到在海外经营企业，归根到底就是一个如何治人的问题。**

当时只要现场一发生问题，我就立即飞往美国，穿上与现场工人一样的工作服到车间巡视。看到工作差的员工，我就会"要这样做，要那样干"，直接批评、指导他们。例如，看到当地的女工进行装配作业时手忙脚乱，就会走到她身旁，"你看这么装如何"，教给她作业的方法。

这时，身穿西装的美国工场长立刻赶来现场，抱怨说："稻盛社长，你到这种地方来，让我很难堪。我们为社长准备了单独的办公室，你只要坐在社长室，有事叫我们就行。我们会向你报告现场的情况。你穿着工作服，来到工作现场，与女员工一起，同她们做一样的工作，这让我们很为难。在美国没有这种习惯，从日本来的社长这么做，会被人小看，怎么水准这么低。"

我并不介意别人怎么想，此后，我还是同在日本一样，深入现场，与现场员工们一起拼命工作。

有一次，看到一位工作极为马虎的年长的美国员工，一副厌恶工作的表情，将陶瓷原料放进储料机械时，竟将原料洒了一地。我严厉地斥责道："干活怎么能这样有气无力，另外，将贵重的原料洒落一地，你怎么连一点成本意识都没有。"我犹如烈火般怒斥他。这位年长的员工火冒三丈,即刻顶撞道:"简直混账,这样的公司还干得下去吗!"之后,他愤然离去。

后来我才知道,这位员工原来出身于美国海军,是经历日本冲绳战役激战取胜的勇士,经常使用东洋鬼子这种侮辱性的语言对付日本人,对于在美国工厂工作的日本员工,他平时就出言不逊,毫不忌讳:"像你这样的日本鬼子,有什么资格来指挥我。"所以,这次受到我这个东洋鬼子头头的严厉斥责,他当然受不了,于是就骂我混账。

在冲绳战役中获胜,接着占领日本,后来凯旋回到祖国,这么一位身经百战的勇士,却要受到日本社长的严厉呵斥,是可忍,孰不可忍?对于他而言,这样的场面之难以忍受,超出我们的想象,他表达的态度或许可以理解。

面对这类情况,收购了美国企业的日本企业往往忍让再忍让。但我却毅然决然,严肃地指出他的不是:"你的作业态度,作为一位员工完全不合格。"**我决不改变初衷,妥协示弱。**

美国是一个携枪自由的国度,在美国对员工严加斥责,遭到忌恨,说不定会遭受暗算,所以许多在美国工作的日本人因惧怕风险,很快就会向美国人妥协。

在美国经营企业的日本经营者对美国员工,总是避免用严厉的言辞说话,在这样的风气中,我却毫不含糊,始终采取坚决的态度。

我是这样考虑的:"员工工作态度恶劣,就必须严肃地向他指出,要他改进,这不是霸权主义,不是用权力让当地员工屈服,以便随意驱使他们。因为我是社长,我有权力可以随时解雇你,就是说,可以用权力进行统治。但采用这种方法,只要我一转身,员工就可以阳奉阴违,事情肯定做不好。"

"回顾历史就可以知道,在一个民族统治另一个民族时,常常会采用暴力压制,迫使他们受范。但是,有力量压制时,他们表面顺从却阳奉阴违、面从腹背,一旦压制的力量松懈,他们会立即谋反。这虽然可悲,却是人世间的常态。"

我意识到,在海外当地法人企业工作的员工们,对我、对日本常驻人员,是否信任、是否尊敬,这才是问题的关键。

既不受信任,又不受尊敬,这样的人在异国他乡治人管人,当然不可能成功。同时,缺乏对企业领导人的信任和尊敬,员工们对企业就无忠诚可言,要做到不管领导人是否在场,都能一如既往地拼命工作,当然也不可能。

那么,怎么做才能得到对方的信任和尊敬呢?要靠优秀的人格。

"那是一位人格高尚的人!"让对方做出这样的评价,是取得对方信任和尊敬最好的方法。

要赢得外国人的尊敬,必须具备特别优秀的人格,即具备做人的"德"行,这个"德"字超越国界,普遍适用,万国共通。不能"以德治人",那么在海外企业的运行就无法成功。

要求跨国经营的21世纪,企业究竟能不能发展,海外的当地法人,从领导人到基层的员工,对于公司本部,是否抱有信任和尊敬之念,这才是关键,这一点决定了成败。

对公司是否抱有信任和尊敬之念,关键就要看这个公司是不是具备优秀的品格,优秀的品格能够超越人种、语言、历史和文

化的障碍,能够打动世界不同国家的人们的心,优秀的品格中充满着美好的德行。

"由高层次的哲学所支撑的、具备优秀品格的企业,它们的员工就值得我们信任和尊敬。因此,我们应该尊重他们的意见。"

要让海外员工由衷地说出这样的话。因此,能够赋予企业优秀品格、赋予员工优秀人格的高层次的哲学就非常必要。这是"经营为什么需要哲学"的第三个理由。

上面谈的三个理由,包含在我的哲学之中。《盛和塾杂志》每一期都在解读这种哲学,我的讲话以《塾长讲话》为题刊载,《盛和塾杂志》已经发行了99期,今后将依次翻译成中文。

如果阅读《盛和塾杂志》,大家就能理解,刚才讲的三个要素形成了我的哲学。大家在各自的公司里构建企业哲学时,可以用作参考。

如何与员工实现"哲学"共有

在企业里提倡某种"哲学",与员工们共同拥有某种"哲学",这时最为重要的是要实践这种"哲学"。

下面这句歌词说明了将所学付诸实践的重要性:"圣贤之道,听了唱了却不做,毫无价值。"

这首歌叫"日新公伊吕波歌",是我小时候在故乡——日本西南的鹿儿岛所学到的。当时的鹿儿岛对小学低年级学生实行"乡中教育",这是一种独特的教育。在那里对"萨摩藩人"即精力充沛的男孩传授剑道、柔道、相扑等武道,并教授中国古代典籍。

其中，还教"日新公伊吕波歌"，这是日本战国时代的萨摩武将岛津忠良，也就是日新公，为教育弟子所做的数数歌。日新公强调正确做人的重要性。

这歌开头一句的意思是，"无论你读过、听过多么好的道理，如果不亲身实践，就毫无意义。"简单的道理，将它变成自己的东西、认真实践的人反而很少。

实际上，学习和掌握正确的做人的道理是一件难事。如果我们问自己是否已经完全实行了正确的为人之道，答案是并没有完全实行。

圣人、君子以及开悟的人，他们能够实践真理而不觉得痛苦。但我们凡人，无论学了多么好的道理，完全实行总是难上加难。这一点自古以来大家都承认，因此，刚才的"日新公伊吕波歌"一开头就唱那一句，现在还继续强调这一条。

人们有只说不做的习性，为什么我还要跟大家反复强调"必须在企业里提倡这种哲学，必须与员工们共同拥有这种哲学"呢？

因为，将这种"哲学"融入自己的血肉，付诸实践，虽然极为困难，但理解"作为人，就应该这样去生活"，力求接近这种理想的生活状态，并为此而拼命努力的人，与不做这样的思考、漫不经心地生活的人之间，人生和工作的结果迥然不同。

就是说，对于哲学，不是能够领会或不能领会的问题，而是随时反思反省，不断努力去领悟，去体验，这才是最重要的。

这一点同佛教、基督教、道教等宗教所倡导的戒律是一样的。神佛有种种戒律，要求僧人和信徒遵守戒律。然而，即使是宗教界的权威人物，能够完全遵守神佛戒律的人恐怕也很少吧。

既然是凡人，想要遵守的事项就往往遵守不了，但是即使如此，还是要认真考虑，努力去遵守，随时随地翻阅经典和圣经，不断自我反省，肯这样做的人和不这样做的人，其人生和工作的结果完全不同。

必须天天反省，天天反省自己，拼命努力去实践正确的为人之道，这样做就可以一点一点磨炼自己的灵魂，提升自己的人格。

我认为，这一条对实践哲学而言，是最为重要的。

还有一点，在企业里实践哲学、希望与员工共有这种"哲学"的时候，倡导该哲学的经营者的姿态很重要。

例如，在企业里举办哲学学习会，有时会遭到年轻员工的抵制。因为经营者提倡大家学哲学，而充满理想的年轻员工理解这种哲学后，就会拿这种"哲学"来同提倡哲学的经营者进行对照，如果经营者行为不当，年轻员工察觉后就会产生抵触情绪。

前面已经提到，表达高层次的思维方式的哲学，能够完全实践的人并不存在。所以，在给员工讲解之前，应该先表达如下意思：

"我提议大家学哲学，好像我自己有什么了不起似的，其实这种'哲学'我自己还没有实行。我虽然是公司的领导人，但至今在哲学的各个方面都没有很好地实践，从这个意义上讲，我还是个尚未入门的小学生，但从今之后，我要与大家共同努力，终生去实践这种'哲学'。不是说因为自己还没有很好地实践，就不能在大家面前提倡哲学。作为社长，我至少要提出'应该这么去做'。因为我希望通过学习哲学,年轻人能成长,公司能发展。如果大家认为我违反'哲学',那么,希望大家超越我,拥有更出色的思维方式,来带领公司向前进。这样做,不仅能使公司发展壮大,而且能使大家人生幸福。"

越是高层的哲学,在让年轻员工们学习理解时,越要采取谦虚的态度。讲些豪言壮语,好像自己全都理解了、全都实践了,这种态度在年轻员工们看来,不过是留下了笑柄。

能够全部实践哲学的人不存在,自己也不例外,但努力要让哲学变成自己的东西,这种姿态很重要。希望企业经营者理解这一点,与员工们共同钻研,共同实践。

如何提升领导者的人格

沿着这个思路,最后我想谈一谈有关经营者、领导人资质的话题。

2002年4月,我与位于美国华盛顿的国际战略问题研究所(CSIS)的前理事长戴维特·阿布夏先生共同创建了名为"阿布夏·稻盛领导力研究会"的领导人培训机构,共同举办了活动。

因为我们抱有危机感,我们认为:"**不管什么集团,集团领导人决定了这个组织的盛衰。领导人的资质对于组织具有巨大的影响,缺乏优秀资质的领袖人物才是今天这个世界混乱的原因。**"

我有机会在"阿布夏·稻盛领导力研究会"发表讲演,在华盛顿政界、商界的名流面前,我讲了下面一段话。

人类社会有各种各样的组织,小至一个公益性团体,大至一个国家。在这样的组织里一定有领导这个组织的中心人物，就是被称为领袖的人物。

翻阅历史可以看到，人们的命运很大程度上为集团的领袖所左右，好的领袖可以使集团发展壮大，坏的领袖把集团带向悲剧的深渊。

有关领导人的资质，中国明代思想家吕新吾，在其论著《呻吟语》中说，"深沉厚重是第一等资质。"就是说，具有厚重性格，并经常对事物进行深入思考，是作为领导人的最重要的资质。

同时，吕新吾又说，"聪明才辩是第三等资质。"就是说，聪明能干，巧于辞令，不过是第三等资质。然而，不论东洋、西洋，当今世界，吕新吾所说的只具备第三等资质，即"聪明才辩"的人，被选拔为领导人，这种现象相当普遍。当然这种人作为"能吏"、作为助手使用，可以发挥很大的作用，但是，他们是否具备充当集团领导人的优秀人格，那是另外一个问题。

我认为，现在的世界上，许多社会之所以荒废，根本原因就是很多集团的领导人只具备第三等资质。为了让社会变得更好，把吕新吾所说的具备第一等资质的人，就是具备高尚人格的人选为领导人，极为重要。

但是，人的人格既不是与生俱来的，又不是永远不变的。人格会随时间的变迁而变化。先天的人格或许因人而异，有的人生来人格就好，有的人不是。

但即使具备优秀人格的人，终其一生，要始终保持其优秀的人格，极为困难。

这是因为，人的人格受环境影响，时时刻刻都可能向好的方向或向坏的方向变化。比如，原来很勤奋又很谦虚的人，一朝权力在手，就变得傲慢起来，变得面目全非，最后玷污了自己的晚节，这种事例很多。

另有一种人，前半生与社会作对，甚至在社会上兴风作浪，但是在历尽辛酸之后，以某事为契机，幡然悔悟，浪子回头，晚年变成了具备优秀人格的人，这样的例子也存在。

既然"人格"是变化的，那么选拔领导人，就不能仅用"当时"这一时点上他的人格如何做出判断。

我们在选择领导人时必须同时考虑：怎样才能提升人格，怎样才能维持高尚的人格。

现在不论哪个国家，许多著名企业和它们的经营者，因为丑闻而倒闭或陷入困境。这类企业都是那些有卓越才能的经营者通过非凡的努力建立起来的。

但是，因为这些经营者，他们的人格没有提升，所以一旦功成名就以后，不知不觉中就放松了努力，不再拼命工作，只想自己一个人独享经营成果，甚至不惜违规违法。

所以，最重要的是，领导人必须努力提升、维持自己高尚的人格。有人认为这话未免迂腐，但是我相信，这是防患于未然，避免领导人堕落变质，避免企业由盛转衰的最有效的方法。

华盛顿政界、商界的许多要人对我的观点表示赞同。接着，长期在华盛顿政界中心活跃的阿布夏先生以美国第一任总统乔治·华盛顿为例，发表讲话。

阿布夏先生说，美利坚合众国获得独立、取得飞跃发展，就是因为具备伟大人格的乔治·华盛顿成了美国的第一任总统。

亚洲、非洲和中南美洲许多国家，原来都是欧洲诸国的殖民地，它们从宗主国获得独立后，因为独裁政治和内战而陷入混乱。在长期持续的混乱之中，只有美国，自从摆脱英国的殖民统治获得独立后，一直在繁荣的道路上不断前进。

美国成长发展最重要的因素，就是具备伟大人格的乔治·华盛顿当了美国的第一任总统。而且，当时美利坚合众国国会授予了就任美国第一任总统的乔治·华盛顿极大的权力。

如果将巨大的权力授予人格不成熟的人，后果不堪设想。但是，因为乔治·华盛顿具备优秀的人格，所以合众国国会排除了反对意见，为了让他能够顺利贯彻自己的政策，而授予总统巨大的权力，这一条写进了美国的宪法。

企业经营也一样。在企业里，经营者被授予极大的权力，但是这种权力的行使，应该是为了保护员工，为员工创造幸福，而不可以用来压制员工，不可以用来满足经营者个人的欲望。

稻盛和夫（北京）管理顾问有限公司刚成立不久，稻盛和夫经营研究中心也成立了，我希望研究中心的成员们首先在自己的企业内确定正确的哲学，与员工们共同拥有这种"哲学"。作为经营者，自己要率先垂范，带头实践这种"哲学"，不断努力提升自己的人格。如果这样做，企业就一定能发展，而且能够长期持续地繁荣昌盛。

今天以"经营为什么需要哲学"为题，我讲了在企业经营中哲学的必要性，讲了这种"哲学"的内容是什么，又讲了怎样去实践这种"哲学"，怎样在企业里与员工们共同拥有这种"哲学"。

我衷心希望，正确的做人哲学、正确的企业哲学在各位的企业里生生不息。企业不断成长，就能不断给员工带来幸福，就能促进社会的繁荣，并对国家的发展做出贡献。我希望在中国的企业里也能实现这样的"王道"的经营。

希望在座各位把自己的企业经营得更加出色，如果我今天的讲演对大家有所帮助的话，我将感到非常荣幸。

经营十二条
——在稻盛和夫经营哲学青岛国际论坛上的讲话

青岛市人民政府和稻盛和夫（北京）管理顾问有限公司共同举办"2010稻盛和夫经营哲学青岛国际论坛"，有这么多中国企业家和日本盛和塾的塾生参加，对此，请允许我表示深切的感谢。

在讲演之前，请允许我向筹备这次论坛做出辛勤努力的青岛市人民政府以及有关各位，表示由衷的谢意。

在各位的大力支持协助下举办的这个盛会，现在只剩下我的讲话了。

两天来，听了几位中日企业家的经营体验发表和讲演，听了专题讨论会诸位的发言，我非常感动。同时，这么多中日企业家在百忙中抽空汇聚一堂，为把企业经营得更好，认真地互相学习，这样的场景也让我深为感叹。

在座各位企业家如此认真地经营企业、直面人生，我应该给大家讲些什么话才好呢？我感到很烦恼。

在今年（2010年）6月召开的"经营哲学北京报告会"上，我以"经营为什么需要哲学"为题，谈到"企业经营，哲学不可或缺，为此经营者必须提升自己的心性。"

人们一般并不认为哲学以及人生观有多么重要。但不是别的，正是哲学决定了经营和事业的成败。想把自己的公司搞好，让员工幸福，先决条件是经营者必须提高自己的思想水平和精神境界。这是我上次讲演的主旨。

通过上次的讲演，我想大家已经理解了哲学在企业经营中的重要性。今天我想论述指导企业成长发展的具体的经营要诀。

我把迄今为止在京瓷和KDDI的经营实践中切身体悟的经营的原理原则归纳为十二项，称之为"经营十二条"。今天我逐一来解释这个"经营十二条"。

一提经营，人们常望而生畏，许多复杂因素交叉叠加，似乎难上加难。或许因为理工科出身的缘故吧，我想只要着眼事物的本质，经营企业可以说相当单纯。

比如，世上有各种各样的现象，如能将驱动这些复杂现象的原理抽象出来，那么一切其实都是单纯明快的。复杂现象复杂理解，事情反而难办。

在研究开发领域，必须具备将复杂现象简单化的能力。企业经营也一样，只要领会了其中的要诀，也就是原理原则，经营企业就不是什么难事。

我所思考和归纳的经营要诀，在《福布斯》500强企业京瓷和KDDI的经营中，由我亲身实践并证明了它的有效性。现在，在日本代表性企业日本航空公司的破产重建中，为了让企业干部理解并实践这些原则，我每天都不厌其烦地向他们做解释。

另外，我认为无论是中国还是日本，经营的要诀、经营的原理原则都一样，不会因为国家或地区不同而不同。下面要讲的**经营十二条，立足在"作为人，何谓正确"这一最基本的观点之上**，所以我认为它超越国界、超越民族、超越语言差别，普遍适用。

我开展的"盛和塾"的活动，旨在向年轻企业家传授正确的经营思想。这个活动不仅在日本，现在已经发展到中国、巴西和美国。我讲授的内容中，被这些海外企业家塾生奉为圭臬之一的，就是这个"经营十二条"。

有一位巴西的塾生信奉这"经营十二条"，忠实地贯彻实行，结果他在巴西被称作"香蕉大王"，经营着一个巨大的香蕉产业。

"经营十二条"的每一个项目，绝没有什么复杂难懂的内容。但是，正如上面所说，"经营十二条"的有效性和普遍性，已为事实所证明。它就是经营的要诀。希望大家务必相信它的力量，深刻理解、认真实践"经营十二条"。

下面就逐条讲解"经营十二条"。

第一条：明确事业的目的和意义——树立光明正大的、符合大义名分的、崇高的事业目的

为什么要办这个事业？这个企业存在的理由到底是什么？当然有各种各样的情况。但自己创办事业的目的及意义必须明确地表示。有人为了赚钱，有人为了养家，这些并没错。但仅靠这样的目的，要凝聚众多员工，齐心协力办企业，是不够的。事业的目的、意义还是尽可能以高层次、高水准为好，换句话说，必须

树立光明正大的经营目的。要让全体员工拼命工作，缺乏"大义名分"，事实上行不通。"原来我的工作有如此崇高的意义"，这样的"大义名分"，如果一点都没有的话，人很难从内心深处产生必须持续努力工作的欲望。

我在创办"京瓷"时，就遭遇了"事业目的究竟是什么"的重大考验。当时的我，还不懂这一条经营大原则。"活用自己的制陶技术，开发新品，借以问世"就是我当时对事业的定位。

那时的日本世风，轻视技术，尊重学历乃至学阀，对人的实力并不予恰当评价。为此，我对自己初次就职的公司大失所望。因此，新公司"理直气壮，让稻盛和夫的新颖精密制陶技术问世"就自然成为经营目的。

一名技术员，一个研究者，有了自己的公司，终于可以将潜心钻研的技术成果发扬光大，当初的喜悦心情，难以言喻。

但想不到，创业后第三年，竟招致青年员工们的反叛。公司设立第二年，招进了10多名高中毕业生，经过一年的磨炼已成生力军。突然他们持联名状，向我集体交涉。状书上写明每年最低工资增幅、最低奖金，而且要连续增长到将来，等等。要求我予以承诺并做出保证。

当初招聘面试时我曾明言："公司究竟能成何事，我自己也不知道，但我必定奋力拼搏，力争办成一流企业。你们愿意到这样的公司来试试吗？"他们明白我的话，明白我事先并无承诺，但仅过一年，就递来联名状，并威胁不答应条件就集体辞职。

新公司正缺人，他们已成战斗力，如果走了，公司必遭损失。但如果他们无论如何都固执己见的话，那也没办法，就算公司从头再来吧。我不肯妥协，明确答复"不接受你们的条件"。

公司创办不足三年，我自己对公司前途仍无确凿把握，对将来的描绘，只能是"全身心投入，总会有所成就吧"这样的程度。为了挽留他们，要做出缺乏自信的、违心的承诺，我做不到。谈判从公司谈到我家，僵持了三天三夜，我这样对他们说："作为经营者，我决不只为自己，我倾全力把公司办成你们从内心认可的好企业，这话是真是假，我无法向你们证实，你们姑且抱'就算上当也试试'的心情怎么样？我拼上命也要把事业做成，如果我对经营不尽责，或者我贪图私利，你们觉得真的受骗了，那时把我杀了也行。"这样熬了三天三夜，推心置腹，他们总算相信了我，撤回了条件，不但留下，而且加倍努力，埋首工作。

当时这些造反派，陆续都成了"京瓷"的骨干，这是后话。但这一事件深深刺痛了我，让我意识到了企业经营的根本意义，成了我转变经营目的的契机。此前的企业目的是"技术问世"，对公司前景的展望，不过停留在"只要废寝忘食地干，饭总能吃饱"这样的水平上。

我在七兄妹中排行第二，乡下亲兄弟尚且照顾不及，又怎能保证进厂不久的所有员工，包括他们的亲属的终生幸福呢？可是，员工们提出了这样的要求。这次艰难的交涉，让我从内心深处理解了员工的愿望。我开始意识到企业经营应有的真正目的。这目的既不是"圆技术者之梦"，也不是"肥经营者一己之私腹"，而是对员工及其家属现在和将来的生活负责。

这次纠纷教育了我，让我明白了经营的真义：经营者必须为员工物、心两面的幸福殚精竭虑，倾尽全力，必须超脱私心，让企业拥有大义名分。这种光明正大的事业目的,最能激发员工内心的共鸣,获取他们对企业长时间、全方位的协助。同时,大义名分又给了经营者足够的底气,可以堂堂正正,不受任何牵制,全身心投入经营。

此后,**我将"在追求全体员工物、心两面的幸福的同时,为社会的进步发展做出贡献"作为"京瓷"的经营理念**。因为企业作为社会一员必须承担相应的社会责任,所以这后一句也必不可少。

企业创建不久,就转变并明确了事业的目的、意义,明确了公司的经营理念,这真是幸事。尔后 40 年,企业的一切发展,都不过是贯彻这一正确经营理念的必然结果。

第二条:设立具体的目标——所设目标随时与员工共有

用具体的数字明确地表述目标。比如,企业今年的年销售额是 1 亿日元,明年要达到 2 亿日元。不光是销售额,包括利润,都要建立明确的目标,并用数字具体地表示,而且这种目标在空间和时间上都必须明确。

所谓空间上明确,即目标不是全公司的一个抽象数字,而是分解到各个部门的详细资料,现场最小的组织单位也必须有明确的数字目标。再进一步,每一个基层员工都要有明确的指针和具体的目标。

所谓时间上明确,即不仅设定年度目标,而且要设定月度目标。月度目标明确了，每个人就能看出自己每一天的目标。员工们明白自己每一天的任务，完成这些任务，就必须设定明确的目标。

每位员工努力完成任务，各个部门就能达成目标，公司整体目标也自然达成；每天的目标达成，积累起来，月度、年度的经营目标也自然达成了。另外，目标明确，就可与员工共有。如果目标不明，即经营者不能指明公司的前进方向，员工就会无所适从，或各行其是，行动方向混乱，结果力量分散，组织的合力就无从发挥。

但是，我并不主张建立长期的经营计划。在经营这个领域，不少人主张必须依据企业经营战略，建立5年计划甚至10年的中长期计划。但是我却从不建立长期计划。因为长期计划即使建立，要达成也几乎不可能。其间必有超出预想的市场变动，甚至不测事态发生，计划本身失去意义，或向下修正，或不得不放弃，这类事司空见惯。不严肃的、无把握兑现的所谓计划，以不建为好。员工见多了这样的计划，会产生"反正完不成也没关系"的想法，甚至漠视计划。一旦经营者再次揭示经营目标，员工反倒失去向高目标挑战的热情。更坏的是，销售目标没达成，费用和人员倒按计划增加了，即销售减，费用增，经营吃紧，日子变得难过。

因此"京瓷"从创立起，一向只搞年度经营计划。三五年后的事，谁都无法正确预测。一年的话，还能基本看清楚。然后将年度计划细分，变为每一天的目标，千方百计，不达不休。

以今天一天的勤奋，完成今天的任务，就能看清明天；以今月一月的勤奋，完成今月的任务，就能看清下月；以今年一年的勤奋，完成今年的任务，就能看清明年。日复一日，着着实实达成每一天的目标，至关重要。重要的是目标是不是明确。经营顾问们瞧不起这一套，"这岂能成大事！"他们异口同声如此说。但是，我只顾设定每年短时段的具体目标，付之实行，完成。接着设定下个短时段的明确目标，再实行，再完成。周而复始，贯通始终，就这样，事业年年岁岁发展不停。

第三条：胸中怀有强烈的愿望——要怀有渗透到潜意识的强烈而持久的愿望

我相信境由心造，心中蓝图能成现实。换句话说，"无论如何也要达成目标"这一愿望的强烈程度，就是事情成败的关键所在。为经营课题所困扰，苦闷彷徨，是经营者的家常便饭。聚精会神于悬案，日日夜夜，废寝忘食，持续将思维聚焦于一点，直至突破。能否做到这些，是事业胜负的分水岭。

从这个意义上，我把"心怀强烈的愿望"作为经营第三要诀列出，而将副标题定为"要怀有渗透到潜意识的强烈而持久的愿望"。因为一旦驱动潜意识，就更能有效地扩展经营。

什么叫潜意识？人的意识，有显意识和潜意识之分。比如，现在我正在用显意识跟大家讲话，大家也正用显意识听我讲话。显意识是正觉醒着的意识，可随意运用的意识。而潜意识通常沉潜于显意识之下，不显露出来，是不能人为控制的意识。

按照心理学家的说法，潜意识所持的容量，比显意识不知要大多少倍。据说我们人从生到死，全过程中的一切体验、见闻、感触，都蓄积于这潜意识之中。

我们日常生活中就有驱使潜意识的实例。比如学开汽车（日本），"右手握方向盘，左手控制排挡，右脚踩油门或刹车"，这套操作要点，我们先用头脑理解，即运用显意识，将它集中于驾车这一行为。

但熟练以后，不去意识操作要点，一边思考别的事，一边开车，照样可以开得平稳自如。那是因为运用显意识反复驾驶汽车的过程中，显意识渗透到潜意识，结果在无意识中潜意识发挥作用，帮了我们的忙。

据说有两种办法，可以运用潜意识。

第一种办法是接受强烈的冲击性刺激。受到沉重打击时的、刻骨铭心的体验，会进入潜意识，并不断返回显意识。

据说人于临死之前，过去的事情，犹如走马灯，在脑中浮现。零点几秒之一瞬间，一生经历，像电影似的，一一在脑海中闪现。

就是说，储存于潜意识中的记忆，在直面"死"这一重大事变时，就与显意识联结，而显现出来。但是人们不想死，不企望获取这样的经验。

第二种办法是让经验反复，反反复复的经验，使运用潜意识成为可能。

比如"销售额要多少""利润要多少"，这样的目标，从早到晚，夜以继日，反复思考，这种强烈的、持续的愿望，可以进入潜意识。

经营者一到公司总很繁忙，不可能 24 小时只考虑一种目标，但因"销售额要多少"这目标已进入潜意识，即使你思考别的问题，必要时它也会跑出来，给你达成目标的启示。

比如在座的有人想开拓新事业，手下又缺乏有这方面专业知识和技术的人才。如果抱有"无论如何非做不可"的强烈愿望，天天反复，在头脑中模拟演练，这愿望便能渗透到潜意识。

某日，在酒店小酌，忽然听到邻桌陌生人说话，所言极像我思考的新事业的专门人才。于是立即起身请教："对不起，听您刚才的话……"不知不觉就攀谈起来，热络起来，再后，此君便进了本公司，新事业以此为契机启动并一举展开。这类事，我经历过多次。

事实上，1983 年夏季，我在为参与通信事业（这个事业发展为今天的 KDDI）反复推敲、构思方案时，参加某经济团体的聚会，与前来讲演的通信领域的技术专家偶然相遇，就以此为契机，新事业的计划迅速推进。

这种场合，原不过隔桌饮酒，萍水相逢。然而，强烈愿望既已浸透到潜意识，即使不经意之间，也能将偶然邂逅变作良机，导致事业成功。这是潜意识的功劳。

但到达这境界之前，必须反复继续，必须有一个全身心投入、不断驱动显意识的过程。如果对要做的事，不肯深思，甚至朝秦暮楚，或不过淡然处置，那它绝不会进到潜意识。只有持续火一样燃烧着的炽热愿望，才可能驱动潜意识为自己效劳。

50 年前白手创建"京瓷"时，面对仅有的 28 名员工，我却总是重复这样的话："让我们拼命干吧，我们要创造一个卓越的公司，西京原町第一的公司，不，京都第一的公司，日本第一的公司。"

每晚加班到深夜，厂门口总有叫卖面条的小贩应时而来，我和员工们总是边吃夜宵，边说未来的梦想，那情景至今栩栩如生。

资金、设备、技术、人才等什么都缺的状况之中，我却一味热衷于对员工们讲述将来之梦。以员工的立场冷静直面现状，我的理想简直荒唐无稽，不过是经营者的戏言而已。

其实诉说梦想的经营者，即我自己，也不免半信半疑，"这果真行吗？"我晓得我的话并无足够的说服力。但是，朝也说晚也说，一遍又一遍，反复倡导间，员工们、我自己，不知何时起，竟信了。而且朝着那目标，众志成城，尽最大的努力去实现。

目标高，为实现它，就必须持续心怀强烈的愿望。期待在座各位经营者，揭示各自的高目标，并怀抱不达目标誓不罢休的强烈而持久的愿望，把目标变成现实。

第四条：付出不亚于任何人的努力——一步一步、扎扎实实、坚持不懈地做好具体的工作

我认为成功没有捷径，努力才是通往成功的光明大道。"京瓷"仅用40年，就成长发展到现在的规模，除"努力"之外，可以说别无他因。但是，京瓷的"努力"不是普通一般的努力，而是"不亚于任何人的努力"。"不亚于任何人"这几个字，才是最关键的。不做这种程度的努力，绝无企业今日的繁荣。

"京瓷"创业之初，既无足够的资金和设备，又无经营的经

验和实绩,唯一的资本,就是无尽藏的努力,真可谓夜以继日,昼夜不分,努力工作,达于极限。每天忙得连何时回家,何时睡觉,都不知道。不久大家就筋疲力尽,"照这样拼命,身体能吃得消吗?"员工中传出这样的声音。我的生活也毫无规律,睡眠极少,不能按时吃饭。有时想,长此以往,恐怕真的难以为继。我召集干部开会,这样说:"我虽不太懂企业经营是怎么回事,但可比作马拉松,是长距离、长时间竞赛。我们是初次参赛的非专业团队,而且起步已迟。包括大企业在内的先头团队已跑完了全程的一半。反正是无经验、无技术的新手,出发又晚,不如一上场就全力疾驰。"

大家会说,"这样蛮干,身体会垮。"说得没错,"要用百米赛跑的速度,一口气跑完42.195千米的马拉松全程,当然不可能。但新手迟发又慢跑,就毫无胜算。我们至少得尽力急起直追。"

我就这样说服了员工,自创业以来,始终"全力疾驰",结果京瓷一刻不停,发展再发展。至今难忘创业后第12年,1971年公司股票上市当日的情景,全体员工聚集在工厂空地上,我禁不住感动的泪水,哽咽着说的一段话,记忆之清晰,犹如昨日:

"以百米赛的速度跑马拉松,或许中途倒下,或许跑不动了落伍。大家这么讲过,我也这么想过。但是,与其参加没有胜算的比赛,不如一开始就全力以赴,即使坚持不长,也要挑战一下。幸运的是,不知不觉中我们居然适应了高速度,用这高速一直跑到了今天。"

"跑着跑着,发现前面的人速度不快,于是再加速,超越他们，现时点已超过了第二集团，先头部队已进入视野，再加油，按这种阵势就可以追上那先头部队！"

用跑百米的速度跑马拉松，这样的努力才配称"不亚于任何人的努力"。

问诸位经营者"你们努力了吗"，大家回答"我们尽了自己的努力"。但是企业经营就是竞争，当竞争对手比我们更努力时，我们的努力就不奏效，我们就难免失败和衰退。

仅仅是"尽了自己的努力"这样的程度，公司不可能发展。在"血雨腥风"般残酷而激烈的企业竞争中获胜，获得成长发展，就必须是"不亚于任何人的努力"。

另外，还有一点很重要，"不亚于任何人的努力"必须每天不断地持续。千万不可忘记，任何伟大的事业，都是一步一步、踏实努力积累的结果。

"京瓷"靠生产日本某大电器公司电视机显像管所用精密陶瓷部件开始创业。这种产品加工非常困难，当时日本只有"京瓷"能做。尽管如此，一个只卖9日元，单价极便宜，客户订货批量却以几万个、几十万个为单位。精密陶瓷部件所用材料虽然先进，但同陶瓷器皿的烧制一样，生产过程很普通。将原料粉末成型凝固后，放进炉里高温烧结。这样的作业周而复始，不断重复，不断生产。

当时常想，只卖9日元的廉价产品，只是大公司的下发工厂，只是一味地努力生产，怎么可能变为大企业呢？

但是揭开迄今为止大企业的成长发展史，就会明白，它们都从小事业开始，点滴积累，不断创新，踏实努力，坚持不懈，才有了后来的辉煌。一开始就想抓大商机，或想靠偶然碰巧的生意发财，都靠不住，都长不了。企业发展的要诀一点不难，认真做实事，一步一步、踏踏实实，持续付出不亚于任何人的努力，精益求精，持之以恒，如此而已。

希望在座各位经营者理解：只要1年365日，不间断做出"不亚于任何人的努力"，诸位的公司定能成为自己想象不到的伟大企业，诸位的人生也会更充实、更美好。

第五条：销售最大化、经费最小化——利润无须强求，量入为出，利润随之而来

"京瓷"开始运行时，我没有经营经验及知识，对企业会计一窍不通，只能请外援公司派来的财务科长协助会计事务。一到月底，我就抓住他问，"这个月怎么样？"夹杂许多会计专业术语的解答，令技术出身的我十分头痛。我忍不住说："如果销售减去经费，剩余就是利润的话，那么，只要把销售额增加到最大，把经费压缩到最小，不就行了吗？"

估计那位科长当时吃了一惊。从那时起，我就把"销售最大、经费最小"当作经营的大原则。虽然是一条非常单纯的原则，但只要忠实贯彻这一原则，"京瓷"就可以成为高收益体质的优秀企业。

大家都认为销售额增加，经费随之增加。但是不对。超越"销售增，经费也增"这一错误的常识，为做到"销售最大化、经费最小化"开动脑筋，千方百计，从中才会产生高效益。

举例来说，假定现在销售为100，为此需要现有的人员及设备，那么订单增至150，按常理，人员、设备也要增加50%才能应付生产。但是，做这样简单的加法，绝对不行。订单增至150，通过提高效率，本来要增加5成人员，压到只增加2~3成，这样来实现高收益。订单增加、销售扩大，公司处于发展期，正是搞合理化建设、提高效率、变成高收益企业千载难逢的机会，可是大多数经营者却在企业景气时放松管理，坐失良机。

"订单倍增，人员、设备也倍增"的加法经营很危险。一旦订单减少，销售降低，经费负担加重，立即一落而成亏本企业。实施"销售最大、经费最小"原则，必须建立一个系统，使每个部门、每月的经费明细一目了然。为此，"京瓷"开张不久，就引入了所谓的"阿米巴经营"的管理系统。

同一般财务会计不同，这是经营者为便于经营而应用的一种管理会计手法，"阿米巴"是由几个人至十几个人组成的小集团，"京瓷"现有1 000多个这样的小集团，构成一个经营系统。

所谓"阿米巴经营"，就是计算出每个"阿米巴"每小时生产多少附加值。简单讲，就是从每个"阿米巴"月销售额中减去所有月经费，剩余金额除以月总工时所得的数字，作为经营指标，我们称之为"每小时核算制度"。

"京瓷"就依据"每小时核算制度"，月末结算，次月初各部门实绩由"每小时核算表"详细反映出来。只要细看"每小时核算表"，哪个部门收益如何，有关情况一目了然。

另外，为将经费压缩到最小，"每小时核算表"把经费科目细分，比一般会计科目分得更细，构成所谓实践性经费科目。比如不用光热费这个大科目,而是将其中的电费、水费、燃气费项目分别列支。

这样做,从事实际工作的员工就能理解,并可采取具体行动来削减经费。看了细分后的核算表,"啊,这个月电费花多了。"现场负责人就能清楚理解经费增减原因,便于切实改进。

在日本常有"中小企业像脓包,变大便破碎"之类的挖苦话。说到底,就是因为没有采用上述有效的管理会计手法。

公司尚小时姑且不谈,变大后仍做笼统账,那任何人都弄不清经营实态。当然一般的会计处理总要做,但不起实际作用,因为经营者从中看不清经营实况,无法及时采取有效措施,企业效益自然上不去。

京瓷自创业以来,除了近年的雷曼冲击后一段时间之外,利润率基本上保持在两位数,有些年份利润率甚至超过40%。

构建如此高效益的企业体质,原因不仅在于"京瓷"拥有其他公司无法仿效的独创技术,开发了高附加值的产品,我认为,最大原因就在于忠实贯彻了"销售最大、经费最小"的经营原则,构筑了让经营者可以看清经营实况的管理系统,并使该系统有效运行。

第六条:定价即经营——定价是领导的职责

以前,在选聘"京瓷"董事时,我希望录用有商业头脑、懂生意经的人才。为此出个考题:"如何经营夜间面条铺",在中国相当于"如何经营面条店"。

给候选人购置面条铺设施的资金,让他们做面条买卖,几个月后,看他们赚了多少。用这办法通过竞争来选拔。为什么出这个试题?因为如何做面条生意,包含了经营的一切精粹。

如想卖烧肉面,那么,用鸡骨汤还是排骨汤,用机制面还是手拉面,肉片放几块,要不要加葱,等等,有各色各样的选择。就是说,小小一碗面条,可以千差万别,经营者不同,做法完全不同。

其次,面条铺设在哪里,营业时间怎么定,开在闹市以醉酒客为对象,还是开在学生街瞄准年轻人,如何决定,体现当事人的商业才干。

这些定好后,在此基础上如何定价呢?如果在学生街,就要廉价多销;如果在闹市,不妨做高档美味面,价高,卖得少些照样赚钱。

做面条生意,凝缩了经营的各种要素,根据如何定价一条,就可判断他有无商业才觉。

我曾想用这道题目,考出候选者有无商才,为选聘董事把关。因实施方面有难度,没有推行。但我坚信定价就是定死活,定价即经营。

给产品定价,有各种考量。低价,薄利多销,还是高价,厚利少销,价格设定有无数种选择,它也体现经营者的经营思想。

价格决定以后,究竟能卖出多少量,获得多少利,预测极难。定价太高,产品卖不出,定价过低,虽然畅销,却没有利润。总之定价失误,企业损失莫大。

在正确判断产品价值的基础上,寻求单个的利润与销售数量

乘积为最大值的某一点,据此定价。我认为这一点应该是顾客乐意付钱购买的最高价格。

真能看清、看透这一价格点的,不是销售部长,也不是营业担当,而非经营者莫属。可以说,这是定价的普遍原则。

但是,即使以该价格卖出了,也未必意味着经营一定顺当,即使以顾客乐意的最高价格出售了,却仍没获利,这种情形屡见不鲜。问题在于:在已定的价格下,怎样才能挤出利润?

以生产厂家为例,如果跑销售的只知以低价格获取订单,那么制造部门再辛苦也无法获利,因此必须以尽可能高的价格推销。价格确定后,能否获利,就是制造方面的责任了。一般的厂家,以成本加利润来定价格,日本的大企业多数采用这种成本主义的定价方式。

但在激烈的市场竞争中,卖价往往先由市场决定了。成本加利润所定的价格,因为偏高而卖不动,不得已而降价,预想的利润泡汤,极易陷入亏损。

因此,我给技术开发人员这样定位:"你们或许认为,技术员的本职工作就是开发新产品、新技术。但是我认为,这还不够,只有在开发的同时认真考虑降低成本,才有可能成为一个称职、优秀的技术员。"

必须在深思熟虑后定下的价格之内,努力获取最大利润。为此,"材料费、人工费、各类经费必须花多少",这一类固定观念或常识统统抛开,在满足质量、规格等一切客户要求的前提下,必须千方百计,彻底降低制造成本。

"定价""采购""压缩生产成本"这三者必须连动,"定价"不可孤立进行，就是说"定价"即意味着对降低采购成本及生产成本负责。价格之所以要由经营者亲自决定，理由就在于此。

就是说，在决定价格的瞬间，必须考虑降低制造成本。反过来讲，正因为对降低成本心中有数，才能正确定价。"与那家供应商的领导人交涉，价格要降到那种程度"，如果让缺乏这种采购战略意识的营业担当来决定价格，必出乱子。

定价即经营，定价是经营者的事，进一步讲，定价是否合理还体现经营者的人格。希望大家都能理解这一条，把企业经营得更为出色。

第七条：经营取决于坚强的意志——经营需要洞穿岩石般的坚强意志

我认为，所谓经营就是经营者意志的表达。一旦确定目标，无论发生什么情况，目标非实现不可，这种坚强意志在经营中必不可缺。

但是，不少经营者眼看目标达不成，或寻找借口，或修正目标，甚至将目标、计划全盘撤销。经营者这种轻率的态度，不仅使实现目标变得根本不可能，而且给予员工极大的消极影响。

对此事的深刻体验，是在"京瓷"股票上市之后。股票一旦上市，就必须公开发表公司下一期业绩预报，对股东做出承诺。但许多日本经营者往往以经济环境变化为理由，毫无顾忌地将预报数字向下调整。

在同样的经济环境下，有的经营者却能出色完成目标。我想，在环境变动频繁又剧烈的今天，经营者如果缺乏无论如何也要达到目标、履行承诺的坚强意志，经营将难以为继。

一味将经营去"凑合"状况变化，结果往往不妙。因为向下调整过的目标，遭遇新的环境变动，不得不再次向下调整。一遇困难就打退堂鼓，必将完全失却投资者和企业员工的信赖。既已决定"要这么做"，就必须以坚强意志贯彻到底。

还有一个要点，虽说目标就是经营者的意志，但是必须获得员工的共鸣。起初是经营者个人的意志，但随后得让全体员工发出"那么，让我们一起干吧"这样的呼声才好。

换言之，体现经营者意志的经营目标必须成为全体员工的共同意志。员工一般不肯率先提出让自己吃苦的高目标，决断得由经营者下。

但自上而下的高目标，需要自下而上的响应。这就是"要把经营者的意志变为员工的意志"。

做到这点不难，比如事前先讲一番激励的话："咱们公司前景光明，虽然现在规模还小，但将来的巨大发展，大家可以期待。"然后开宴会，一起干杯后就开口："今年我想把营业额翻一番。"

身旁坐着办事差劲，却善于揣摩上司心理的家伙，让他们接话："社长，说得对！干吧！"于是那些脑子好使、办事利索但冷静过度的人就难以启齿。不然，一听高目标，他们就会泼冷水："社长，那可不行，因为……"讲一大套行不通的理由。但这时的气氛使消极者不好反对，而且不知不觉中甚至随声附和。高目标往往就在全员赞同之下得以通过。

经营也是心理学。即使低目标，若让"冷水派"先发言，他们也会说"难，不可能完成"。气氛消沉，经营者期望的高目标就可能落空。

我认为，一定要设定高目标，然后向高目标发起挑战。当然，若目标过高，一年、两年，甚至连续三年完不成的话，高目标就成水中月、镜中花。其副作用是：今后谁也不会认真理会经营者的经营目标了。

然而，还是要有比上年高出一截的经营目标。否则不足以激发员工士气，公司会失去活力。

下面的办法多用不好，但在"京瓷"还小的时候，我曾采用过。

"瞄准月销售10亿日元，达成，全员去中国香港旅游；达不成，全员去寺庙修行。"——在目标完成、完不成的微妙时刻，我这样宣布。

结果大家一阵猛干，出色完成。租了包机，全员赴港三日游。借此又与员工增强了一体感。

不是简单下命令完成目标，还要出各种主意鼓励员工，使经营目标与员工共有，从而实现它。当然，重要的不是手腕，无论如何必须达成目标，经营者想尽各种办法，借用一切机会，直率地将自己的意见传递给员工。

有一年年终，我感冒发高烧，但仍50多次，连续参加所有部门的辞旧迎新"忘年会"，在会上不遗余力阐述对明年事业的展望与构想，以求获得全体员工的理解和协助。这样竭尽全力，把自己的构想全盘告诉员工，要说的话说尽，我已感觉浑身虚脱，似乎绞尽了自己的全部能量,将其原封不动地转移给了员工。"能量转移"这个词用在这里,恰到好处。

我就是这样尽最大努力,使经营目标与员工共有。鼓动员工热情,朝着体现经营者意志的经营目标奋进,企业的成长发展将不可阻挡。

第八条:燃烧的斗魂——经营需要强烈的斗争心,其程度不亚于任何格斗

我认为格斗场上所需要的"斗魂",经营也必不可少。脾气太好,架也没吵过的人,应该趁早把社长的座椅让给更有斗争心的人。

不管说得多么好听,经营毕竟是企业之间激烈的竞争。哪怕只有两三名员工的小企业,经营者如果缺乏"斗魂",不能为保护员工而发挥昂扬的斗志,将必败无疑。

另外,随着企业的成长发展,黑社会势力往往会来插手。这时为了保护企业不受侵害,就需要格斗士一样的"斗魂",需要压倒敌手的大无畏的气魄。但是,所谓"斗魂",并不是粗野,并不是张扬暴力,而是母亲保卫孩子时不顾一切的勇气。当鹰袭幼鸟时,母鸟奋不顾身,冲向强大的敌人。为了保护自己的孩子不受外敌的伤害,不顾自身的危险,把敌人引向自己。为了救自己的孩子,即使是小动物的母鸟,也会突然表现出惊人的勇气和不可思议的斗魂。

经营者在履行使命的时候,少不了这样的斗魂。平时柔弱,

不会吵架，看不出有什么斗魂，但是作为经营者，为了保护广大员工，一旦面临危险，立即挺身而出。没有这种气概，经营者就不可能得到员工由衷的信赖。这种英勇气概，来自强烈的责任感。无论如何也要保护企业，保护员工，这种责任心，使经营者勇敢而且坚定。

现在的日本，抗御外敌保护企业、保护员工的经营者少见，相反只知明哲保身的经营者却很多。我们看到，大公司以及银行这样有巨大社会影响的企业，发生了丑闻后，经营者往往推卸责任，却叫部下引咎辞职。这是因为领导人选错了。挑选经营者不应该只看能力，应该把有斗志，为了保护企业、保护员工，哪怕粉身碎骨也在所不辞的人，选作经营者。

第九条：临事有勇——不能有卑怯的举止

为什么需要勇气？首先，对事物进行判断时需要勇气。我认为，经营企业，只要依据"作为人，何谓正确"这一原理原则进行判断，就不会发生大的失误。我在实践中彻底地贯彻这一条。

但是，许多经营者在需要按原理原则进行判断、得出结论的时候，因为遭遇各种各样的障碍，他们往往做出错误的判断。

比如在日本购买工厂用地时，当地有影响力的政治家会插手干预。有时公司内部发生坏事，暴力团等反社会组织得知后会来浑水摸鱼。这时候，是否放弃原理原则这一判断基准，不再把企业经营何谓正确放在第一位，而是以尽量追求稳妥、息事宁人作为判断基准？考验经营者是否真有勇气，就看他在这种局面下如何判断。

按原理原则做出结论,这种情况下即使受到威胁,受到中伤和诽谤,即使面临损失或灾难,仍然毫不退缩,坦然面对,坚决做出对公司有利的判断。经营者只有具备真正的勇气,才能做到这一点。

"这么做,会受到黑社会的威胁。""会遭到经营者朋友们的耻笑,会遭到排斥。"困惑之余,顾虑重重,就无法做出正确的经营判断。本来很简单的问题会变得复杂怪异,变得难以解决。

所有这些,都是因为经营者缺乏真正的勇气。依据原理原则做出正确决断确实需要勇气。反过来讲,缺乏勇气的人不可能做出正确的决断。经营者没有勇气,胆小怕事,临阵退却,那模样立即会在员工中传开。员工看到经营者那副可怜相,立即会失去对他的信任。经营者不争气的窝囊相,会在企业内如野火般迅速蔓延。经营者缺乏勇气,员工就会上行下效,不以卑怯为耻,紧要关头,妥协退让,丧失立场。

经营者所需要的勇气,又可称为"胆力"。我曾读过某位精通东方古典的日本启蒙思想家所写的文章,其中有所谓"知识""见识""胆识"的说法。所谓"知识",是指各种信息,指理性上了解这些信息。知识多似乎很博学,但是,许多所谓的"知识"往往并没有多大实际价值。**应该把"知识"提升到"见识"的高度。所谓"见识",就是对"知识"的本质真正理解以后,自己内心产生的一种坚定的"信念"。**

有"见识"是当经营者的先决条件。有人说公司的二把手,只要有"知识"就行,不必强调"见识"。但是,公司的一把手即经营者,因为要做决断,他就必须有"见识",即具备"信念",否则就不可能对事情做出正确而恰当的判断。

真正的经营者还必须具备"胆识"。所谓"胆识",是"见识"加上"胆力",或者说加上"勇气"。因为具有出于灵魂深处的坚定不移的信念,所以就能顶天立地、无所畏惧。

经营者只有具备这种"胆识",才敢于面对一切障碍,正确判断,坚决实行,摆正经营之舵,在风浪中勇往直前。

说句不登大雅之堂的话,有时经营者不得不遭遇极为棘手、极为难堪的局面,以至急得"小便里带血"。只有这种时候,才能考验出经营者是否具备真正的勇气。希望在座各位都具备"胆识",即发自灵魂深处的勇气,从而能在各种情况下都做出正确的判断。

第十条:不断从事创造性的工作——明天胜过今天,后天胜过明天,不断琢磨,不断改进,精益求精

得过"普丽策奖"的美国新闻界代表人物大卫·哈伯斯塔姆(David Halberstam)先生,在其所著《下一世纪》(*The Next Century*)一书中,用了一章来描写有关我的事情。这章一开头,他就引用了我的话:"我们接着要做的事,又是人们认为我们肯定做不成的事。"

事实上,"京瓷"过去做的也是当时人们认为做不到的事。开发新型陶瓷,把它作为新型工业材料,将它发展成数万亿日元

规模的新兴产业,在此之前,人们觉得这是不可思议的事。

充分利用新型陶瓷的优良性能,进一步开发出半导体封装件,促进了电脑产业的蓬勃发展。同时又开发出人造骨、人造牙根等用于生物体的新产品。开拓出一个精密陶瓷的新的产业领域,对社会做出了贡献。

"京瓷"为什么如此富有独创性,许多日本的经营者把原因归结到"京瓷"的技术开发力上。对照自己,他们会说,"我们公司缺乏那样的技术,无法发展也是不得已的事。"

我认为这种观点站不住脚。没有哪一家公司天生就有杰出的技术。**能不能专注于创造性的工作,明天胜过今天,后天超过明天,不断改进,不断创新,这才是能不能实行独创性经营的关键。**

我常以清洁工作为例,说明这个道理。

清洁工作似乎是很简单的杂差,没有什么创造性可言。但是,不要天天机械地重复单调的作业,今天这样试试,明天那样试试,后天再别样试试,不断考虑清扫方法,不断提高清扫效率,365天孜孜不倦,每天进行一点一滴的改进。结果即使看来简单的工作,也会产生很有价值的创新。

一天的努力,只有微小的成果,但是锲而不舍,改良改善积累上一年,就可能带来可观的变化。不仅是清洁工作,企业里各种工作,营销、制造、财务等都一样。这个世界上划时代的创造发明,无一不是在这样踏踏实实、地地道道、一步一步努力的积累中产生出来的。

不论各位的企业属于何种行业,"不可每天以同样的方法重复同样的作业，要不断有所创新。"把这句话作为公司方针，明确地提出来，而且经营者要率先做出榜样。这样经过3～4年，企业就会有独创性，就能进行卓有成效的技术开发。

时至今日，京瓷并没有停留在精密陶瓷领域，而在太阳能电池、手机、复印机等广泛的技术领域内，推进多元化经营。但是当初，我只具有精密陶瓷这一狭小范围内的专业技术。就是说，独创性的产品开发和独创性的经营，开始时"京瓷"也没有。各位能不能每天都认真追求，钻研琢磨，不懈努力，这才是问题的关键。

有关创造性的话题，我经常讲一个"将来进行时"的观点，不是以现有的能力决定将来能做什么，而是现在就决定一个似乎无法达成的高目标，并决定在将来某个时点达成它。盯住这个目标，通过不间断的顽强的努力，提高自己现有的能力，直到在将来某个时点达成既定的高目标。

如果只以现有能力判断今后能做什么，不能做什么，根本无法开拓新事业。现在做不成的事，今后无论如何也要把它做成，拥有这种强烈的使命感，才可能开辟一个新时代。

第十一条：以关怀之心、诚实处事——买卖是双方的，生意各方都得利，皆大欢喜

这里所说的关怀之心，又可称作"利他"之心。不只是考虑自身的利益，也要考虑对方的利益，必要时，即使付出自我牺牲，也要为对方尽力。这种美好的心灵，我认为即使在商业世界

里,也是最重要的。但是,许多人认为,"关怀""利他"这类说法,在弱肉强食的商业社会,事实上很难推行。为了说服他们,为了说明"善有善报"的因果法则在企业经营的领域内同样存在,我想举出下面的实例。

"京瓷"在美国有一家生产电子零部件的子公司,名叫 AVX 公司。还是 20 多年以前的事情,当时 AVX 公司在电容器领域处于世界领先地位。为了把"京瓷"发展成综合性的电子零部件公司,需要 AVX 公司加盟。基于这种判断,我向 AVX 公司的董事长提出了收购该公司的要求。

这位董事长爽快地答应了。收购采取了"股票交换"的方式。我们决定,把当时纽约证券交易所以 20 美元左右的价格交易的 AVX 股票高评 50%,即评估为 30 美元,与在同一交易所上市的、时值 82 美元的"京瓷"的股票进行交换。

但对方董事长立即提出 30 美元的价格仍然偏低,要求再增加,希望以 32 美元成交。当时我们"京瓷"的美国公司的社长以及律师都表示强烈反对,他们认为轻易答应这类要求,在今后的交涉中对方会得寸进尺,对"京瓷"不利。但是,我却认为,这位董事长要对他的股东负责,对他而言,即使提高 1 美元也是理所当然,他的要求应予理解。于是,同意了对方的要求。

然而,当双方股票正要实行交割时,纽约证交所道琼斯指数大幅下跌,"京瓷"股票也跌了 10 美元,变成了 72 美元。看到这种情况,对方董事长又提出要求,把原定的 82 对 32 的交换条件改为 72 对 32。

通常的看法,如果是因为"京瓷"业绩下降引起股票下滑,当然"京瓷"应该负责,现在是股市全盘下跌,改变交换比率完全没有必要。"京瓷"一方的有关人士异口同声,主张驳回对方的要求。

但是,我还是再次接受了不利的变更条件。这既不是出于什么算计,也不是感情用事。收购合并是两种文化完全不同的企业合二为一,是企业与企业结婚,应该最大限度为对方考虑。

收购之后,"京瓷"股票一路上扬,AVX 公司的股东获利丰厚,他们的喜悦之情感染了公司员工。一般而言,被收购公司的员工对收购公司总是抱有抵触和不满,但 AVX 的员工们却因为"京瓷"接连的高姿态,一开始就能友好交流,而且很自然地接受了"京瓷"的经营哲学。

有这么一段经历,收购后的 AVX 公司继续成长,不到五年,在纽约证交所再次上市。在再上市过程中,"京瓷"通过出售股票获得了丰厚的回报。

20 年以前,许多日本公司收购了美国公司,但后来由于亏损不得不纷纷撤退或出售,像"京瓷"收购 AVX 公司这样成功的案例几乎没有。

我认为,它们的失败和 AVX 公司的成功之间,最大的差距在于,是只考虑自己的利害得失呢,还是要真正地为对方着想。这种"心的差异",就是不同的想法,带来了不同的结果。

"满招损,谦受益。"尊重对方,为对方着想,也就是"利他"的行为,乍看似乎会给自己带来损害,但从长远看,一定会给自己和别人都带来良好的结果。

第十二条：保持乐观向上的态度——抱着梦想和希望，以坦诚之心处世

不管处于何种逆境，经营者必须始终保持开朗的、积极向上的态度，这已成为我的信念。既然从事了经营，就不要害怕各种经营课题接踵而来，而且问题越是困难，越是不能失去梦想和希望。

为各种经营上的问题所纠缠，却能顶住压力，坚韧不拔，这样的经营者身上似乎透出一种"悲壮感"。或者说，因为我强调了坚强的意志和燃烧的斗魂，大家或许认为经营一定是苦差事，一定充满"悲壮感"。

恰恰相反，正因为经营需要激烈的斗魂和不屈服于任何困难的坚强的意志，所以经营者必须同时保持开朗的心态。一味紧张，有张无弛，长期经营就很难坚持。

一方面是"必须苦干"的决心，另一方面是"必将成功"的确信。以乐观态度面对困难和逆境，乃人生成功的铁则，是经营者的生存智慧。

比如，有病时坚信必能康复，于是好好养生。比如，资金周转困难，很伤脑筋，但坚信只要努力，总有办法解决，于是就更加努力去解决。处于逆境中心的当事人要如此洒脱，似乎很难，但即使难，也要有意强迫自己这么想，这么做。只要努力坚持，事态一定会出现转机。

从长时段看，乐观向上，积极努力，必会有好报，因为自然界本来就这样，这个世界本来就如此。

我把上述人生态度和工作态度称为"与宇宙的意志相协调"。我向许许多多人讲述这个真理。同情之心，谦虚之心，感激之心，实事求是之心，抱着这样美好的心，又坚持踏实努力的人，他们必将时来运转，幸运一定会关照他们。我从灵魂深处坚信这一点，这已成为我不可动摇的信念。

关于这个问题，我想今后还有机会详细地讲解。在结束"经营十二条"之际，我想引用《易经》中的一句话："积善之家，必有余庆。积不善之家，必有余殃"。

无论是人生还是经营，其成败取决于我们今后的行动。在座各位经营者，对于我刚才讲述的"经营十二条"，如果真能认真学习，切实实行，那么你们就会变成与自己的过去完全不同的优秀的经营者。

经营者变了，紧接着你们公司的干部就会变，再接着员工就会变。如果是这样，那么只需要一年左右的时间，你们的公司一定会充满活力，变成一个优秀的、高收益的公司。

如果这能成为一种契机，促使在座诸位把企业经营得更好，我将感到十分荣幸。我衷心期望，通过这样的活动，能对不断发展、前景美好的青岛市，对不断快速发展的中国经济助一臂之力，对增进一衣带水的中日两国的友好添砖加瓦。

阿米巴经营
——在稻盛和夫经营哲学广州报告会上的讲话

由稻盛和夫（北京）管理顾问有限公司和广州盛和塾共同举办的"2011年稻盛和夫经营哲学广州报告会"，有这么多的中国企业家参会，还有许多日本盛和塾的塾生赶来参加。对此，我深表感谢。

在讲演之前，请允许我向为筹备这次报告会付出辛勤努力的广州盛和塾以及有关各位，表示由衷的谢意。

参加这个报告会，听到中国企业家们精彩的经营体验讲演，看到全场的中国经营者们一句不漏、认真听讲的样子，我非常感动。

中国的企业家们如此认真地学习"如何更好地经营企业"。对此，我想把自己通过半个世纪的经营实践所体悟的有关经营的思维方式和方法，系统地告诉大家。这件事从去年就开始了。

首先，在去年6月举办的"经营哲学北京报告会"上，我以"经营为什么需要哲学"为题，讲到"企业经营哲学必不可缺，为此，经营者必须不断地提高自己的心性"。接着，在去年10月举办的"经营哲学青岛报告会"上，我把自己思考的经营要诀归纳为十二条原理原则,以"经营十二条"为题,逐条进行了解释。

通过这两次讲演,我想,对于在企业经营中哲学的重要性,以及企业经营的原理原则,大家已经有所理解。

今天我的讲演围绕经营的实学展开,就是讲解"阿米巴经营",这是我自己独创的一种管理会计体制。

阿米巴经营的由来

在日本,常有人讲:"中小企业如脓疱,长大就破。"

就是说,组织越是硕大,就越难以掌握企业的实态,越难以弄清企业损失浪费的情况,也就无法下手进行必要的经营改善。而且,还会在经营方向的决策上发生错误,因而使好不容易成长起来的企业陷入衰退。这样的例子层出不穷。

我想拿家庭经营的小食品店为例来说明,大家就容易理解。例如,有一家夫妻经营的小食品店,卖蔬菜、鲜鱼、精肉,以及各种加工食品。在这种店里,往往只进行笼统的核算,究竟哪种食品赚了多少,他们大多不太明白。

即使统算是赚钱的,但实际上,可能只是精肉赚了,蔬菜还是亏的。如果明白了这一点,就会对蔬菜的经营从根本上进行改进,同时扩大精肉的规模等,采取必要的措施改进经营,这样就能促进食品店的健康发展。

按这个思路出发,在京瓷迅速成长、组织日益扩展的过程中,为了更有效地经营企业,我就想到要把组织分小,在每个小的组织中，对每个月的销售额和费用的明细，能够迅速而明确地把握。我致力于构建这样的管理体制，并付诸实施。

这就是我下面要讲的所谓"阿米巴经营"，是我创立的一种独特的管理会计体制。

管理会计同把经营信息向有关利害方公开的财务会计、为纳税而做的税务会计不一样。

管理会计是经营者为了掌握企业经营，为了正确决策，为了进行业绩管理，而采用的一种会计手法。

"阿米巴经营"是在经营实践中产生的，它就是经营者为了更有效地经营企业而采用的管理会计体制。

"阿米巴经营"不只是京瓷和 KDDI 发展到今天这个规模的巨大的原动力。从去年开始，我致力于代表日本国家形象的日本航空公司的破产重建，从今年春天开始，日航也导入"阿米巴经营"。这时发生了空前规模的东日本大地震，导致旅客人数大幅下降。尽管如此，在随后的第四期决算中，日航仍然确保了盈利。"阿米巴经营"在日航的经营改善过程中正在发挥巨大的作用。

不仅仅是我所在的企业集团实施了"阿米巴经营"，许多企业要求引进"阿米巴经营"。为了帮助它们，我们开展了引进"阿米巴经营"的咨询事业，至今已有 400 多家企业导入了"阿米巴经营"。其中有不少企业已经成功上市或准备上市。

另外，响应社会的要求，我把"阿米巴经营"的要点归纳成书，于 2006 年正式出版发行，很快在日本成为畅销书，现在还不断再版，销售量已达大约 20 万册。在中国 2009 年出版以后，也获得了较高的评价。

经营者具备强烈的愿望、充沛的热情，付出不亚于任何人的努力，不断创新，企业就能成长发展。

然而，由于企业急剧成长，组织肥大化，无效和浪费难以看清，陷入"盖浇饭式的"糊涂账。企业因此步入衰退，这种情况很常见。

企业要发展，要长期持续地繁荣，确立清晰的管理会计的体制，对各部门的经营实态即时掌握，并迅速采取应对措施，这是绝对必要的。

当今，中国经济高速增长，许多中国企业的业务内容和组织飞跃性扩张。在这种快速发展的中国企业里，我认为，引进正确有效的管理会计体制，是一个紧要的不可回避的课题。

阿米巴经营的三个目的

首先，在理解"阿米巴经营"时，最重要的是"阿米巴经营"的目的，就是说"为什么需要阿米巴经营"。我先从这里讲起。

我认为，阿米巴经营有如下三个目的。

1. 确立与市场直接连接的分部门的核算制度。
2. 培养具有经营者意识的人才。
3. 实现以经营哲学为基础的全员参加的经营。

就这三个目的，我一条一条来说明。

确立与市场直接连接的分部门的核算制度

首先,第一个目的是"确立与市场直接连接的分部门的核算制度"。谈到这一点,我想就要谈及"阿米巴经营"诞生的经过原委。

我大学毕业后最初供职的企业名叫松风工业,是一家制造输电线用绝缘瓷瓶的企业。当时,我从事新产品的研究开发,后来我开发成功精密陶瓷新材料,成了使用这种材料生产产品的部门负责人。我兼管着生产和销售,而会计处理方面只是财务部门在做,我看不到经营数字,也不知道部门的收支情况。

京瓷创建后,有一位和我一起创业的人。在松风工业时,他曾是我的上司,京瓷的财务由他负责。这位先生认真细致地核算产品成本,几个月后向我报告:"这个产品的成本是这样的。"

我每天忙于产品的开发、制造和销售,实在没空去看那已经过去的数字。但是因为这位先生过于热心地给我讲述产品成本的事,我就说出了自己的看法:"对不起,你说的这些已经过去的成本计算,对经营没有什么作用。"我还对他这么说:

"作为经营者,这个月我想做出这么多的利润,为此,每天都在采取措施。三个月以前成本是这样,因此利润是这样。你在三个月后的今天,给我讲这些,对于已经过去的事,我无法补救。何况,在产品的价格、品种不断变化的状况下,听三个月以前某产品的成本如何,对我来说没有任何意义。"

事实上,京瓷创业时与电子产品相关联的零部件的价格总是急剧下降。上个月的订单是这个价格,到这个月客户就要求"降价10%"。经营不能不跟上时刻变化的价格。这时候,即使理解三个月前的成本也没有任何意义。在产品被要求大幅降价的当今商业环境中,我想情况也一样。

工业产品,通常要经过几道工序才形成产品。在各个阶段的制造过程中,需要加上原材料费、人工费、折旧费、光热费、杂费等,产品的制造成本就是各道工序费用的合计。

但另一方面,**产品的销售价格,却与这种叠加的成本没有关系,而依照市场原理决定。**

就是说,你只能依照客户要求的价格销售。

在这种情况下,**要做出利润,只有用低于市场价格的成本生产产品。**

而且,市场价格天天都在变动。如果产品的价格在不断下降,而你事先不能采取有效措施,或者你的对策失误,那么不但做不出经营者预期的目标利润,而且会很快陷入亏损。

所以,事后的成本计算没有意义。对经营者而言,这种事后的成本计算,不过是记录了几个月前采取了什么经营措施得出的结果。而经营者需要的是,告诉我现在企业处于何种经营状态,现在应该采取何种措施为好的"活生生的数字"。

后来,京瓷请了经验丰富的财务专家来指导会计事务。这时候我产生了如下想法。

我向这位财务专家询问"这个月的决算结果如何",他总是用一些难懂的会计术语向我解释,我总是不得要领。这样的问答反复多次后,我断言:"好了,我明白了。简要地说,所谓经营就是做到销售最大化,费用最小化就行,这样利润就随之增加。"

在那一瞬间,我突然意识到"销售最大,费用最小"这就是经营的原则。从此以后，我遵循这条经营原则，在千方百计努力做到销售最大的同时，彻底地削减所有的成本。

作为企业领导人，我把握整个公司的销售和费用，可以按照"销售最大，费用最小"的原则开展经营。而在员工人数占了公司一大半的制造部门，每道工序的销售额他们都不知道。虽然在费用削减上可以做出努力，但他们对增加销售额既不关心，也不负什么责任。

按照"销售最大，费用最小"的原则，各道工序在做到费用最小的同时，也必须努力做到销售最大。

为此，必须让各道工序的领导人切实感受到自己这道工序的销售额是多少，这个销售额是怎么发生的。

我考虑构建这样一种管理体制，把整个生产过程分割成小的工序作业单位，借以明确各道工序的收支核算。例如，在精密陶瓷的制造部门，我把它分割成原材料工序、成型工序、烧制工序和精加工工序这四个作业单位，在各作业单位之间实行公司内部的买卖。

就是说，像"原材料部门向成型部门卖原料"那样，如果各道工序的半成品卖给下道工序，工序之间形成买卖关系，那么，各道工序就完全可以像一个独立的中小企业一样，成为单独的核算单位。

这么一来，"销售最大，费用最小"这一经营原则，在每个作业单位就都能付诸实践。

同时，这样的作业单位并非固定不变。随着事业的发展，只要将它像单细胞生物阿米巴一样分割或增殖就行了。在京瓷，这样的作业单位被称为"阿米巴"。这就是"阿米巴经营"这个说法的由来。

遵照"销售最大，费用最小"这一原则，各个阿米巴的核算情况，用谁都能一目了然的形式表达出来，这也是京瓷的独创，就是所谓"单位时间核算表"。

具体说明这里不加详述。在这个"单位时间核算表"里不仅有销售和费用，还有"单位时间"，就是计算每个小时的劳动所产生的附加值，这就可以清楚地知道各个阿米巴的生产效率。

同时，把这个"单位时间核算表"里的预定数字和实绩数字相对比，各个阿米巴就能即时掌握相对于销售和费用的预定数字，即相对于所谓计划，现在实际的落实情况如何，这样就能迅速采取必要的应对措施。

前面说过，大多数制造企业，都由财务部门进行事后的会计处理，成本等数据都是事后算出来的。但是市场价格不断变化，拿过去的成本作依据，就会与实际的经营脱节，就不能采取适宜的改进措施。

因此，把很大的复杂的部门整体，按需要分割成阿米巴这样的小组织，每个阿米巴都能即时掌握销售和费用等经营实绩，这样一种经营管理的体制无论如何都是必需的。

有了这种经营管理的体制，如果市场价格大幅下降，售价的下落就会立即反映到各阿米巴之间的买卖价格上，各阿米巴就会闻风而动，立即采取降低费用等对策。这样就能够避免出现核算迅速恶化的状况。

就是说，阿米巴经营能够将市场变化的压力直接传递到公司

内部的各个阿米巴，而且对于这种市场变动，公司全体人员都可以即时应对。这就是所谓与市场直接连接的经营管理体制。

前面讲到企业经营的原则是"销售最大，费用最小"。为了彻底实践这条经营的大原则，把组织划分成小的作业单位，对市场变动能立即应对，按部门进行核算管理，这就是实行阿米巴经营的第一个目的。

培养具有经营者意识的人才

接着讲阿米巴经营的第二个目的：培养具有经营者意识的人才。

创业之初，研发、生产、销售、管理等所有部门都由我直接指挥。生产出问题，我就要立即赶赴现场。为获取订单必须亲自访问客户。客户不满或提出索赔，我必须出面解决。就是说，我一个人必须同时扮演各种角色，那时我繁忙至极。

可能的话，最好有自己的分身。"你去拜访客户，搞营销！""生产出了问题，你快去现场解决！"如果只要我下命令，他们就能去解决问题，这该有多好啊！像孙悟空一样，只要拔自己的毛一吹，马上就能造出许多自己的分身，只要给他们下命令就行。我认真地思考了这个问题。

同时，我强烈地希望出现同我一样的人，他们也对经营负责，具备经营者的自觉性。我需要"具备经营责任感的共同经营者"。这样的人越多越好，我想培养这样的人才。

● **不管哪家公司，经营者总是孤独的。**

- 作为企业最高领导人，往往必须自己一个人做出最终的决断。
- 因此，常常会感觉孤单寂寞、心中无底。

特别是当时的我，既没有经营经验，又没有经营的知识，就从内心更加渴望出现作为伙伴的共同经营者，希望他们能与我同甘共苦，与我分担经营的责任。

随着公司规模的扩大，由领导人一人管理整个企业越发困难。这时一般来说，先把销售和制造分开，"你负责销售，生产制造由我负责。"这样来分担销售部门和生产部门的工作。

如果业务内容进一步扩展，销售部门或许就要分成东部和西部两大区域。如果客户再增加，东部地区和西部地区又要各自分出 A 地区、B 地区、C 地区，把组织进一步细分。

制造部门也一样。制造部门的责任人一个人管理整个生产工序，如果管不过来，就要把制造部门划分为小的作业单位，让各个单位负责人承担各自的经营责任，让他们进行细致的核算管理。

如果把组织单位划小，各个组织的管理就不会那么困难。就是说，把企业分割为小的作业单位后，这样只具备普通能力的人也可以经营。

同时，把公司的组织划分成小的作业单位，让它们分别成为独立的中小企业一样的形态，那么，这些单位的领导人就会具备中小企业经营者那样的经营意识。

其结果，就能培养出我过去一直期待的、一起承担经营责任的伙伴，即所谓的共同经营者。

这样，就能将公司重新构筑成中小企业的集合体，分别让其承担经营责任，培养具有经营者意识的人才。这就是阿米巴经营的第二个目的。

实现以经营哲学为基础的全员参加的经营

阿米巴经营的第三个目的是：实现以经营哲学为基础的全员参加的经营。

提出这一条，是因为创立京瓷时日本社会的形势背景。第二次世界大战后，日本的劳资对立激化，特别是我所在的京都，这种倾向更为严重。

为什么产生劳资对立？

一方面，劳动者只强调自己的权利，往往不愿意去理解经营者的痛苦和烦恼。

另一方面，经营者也不愿理解劳动者的痛苦，不注意保护他们的权利。

或许还有其他许多社会原因。总之，劳资双方只是强调自我一方，执着于追求自身的利益，缺乏对对方的同情之心，我想这才是最大的原因。

如果是这样，要消除劳资对立，经营者就要认真理解劳动者的立场，尊重他们的权利。同时，必须把劳动者的意识提高到与经营者相同的水平。如果经营者和劳动者具备相同的思维方式、相同的观点，那么劳资对立就一定能消除。

怎样做才能达到这一目的呢？

当时，在我头脑中浮现的是"**大家族主义**"的想法。就是说，公司形态各式各样，但如果存在"**全体员工都是经营者**"这样的公司，我认为那就是最强大的公司。

但是，在日本的公司制度上，不存在这种形态的企业。我认为，员工和经营者为了一个共同的目的，能够站在相同的立场上互相帮助，这样的公司形态最为理想。这种人际关系的典范就是"家族"。

如果公司能像一个大家族，共同经营，那么劳资的对立就能化解，经营必能顺利展开。基于这种思考，我把"大家族主义"放进了京瓷经营哲学的骨架里。就是全体员工，**像一个家族，互帮互助，没有对抗，共同经营**。

当时，日本社会的结构中存在劳资对立。我在心中暗下决心，一定要让经营者和员工具有相同的意识，完全像一个家族一样。无论如何，我都要创建这样的公司。

为此，前面已谈到，首先把划小的作业单位委托给阿米巴长管理，培养尽可能多的具备经营意识的人才。但是，把组织划小仍有它的限度。

因此，为了超越劳资的立场，让经营者和员工团结一致，我提出了让全体员工都能接受、都能认同的企业经营目的，就是努力让企业的"经营理念"为全体员工所共有。

京瓷的经营理念是："在追求全体员工物质和精神两方面幸福的同时，为人类社会的进步发展做出贡献。"

就是说，在京瓷这个企业，把追求全体员工物质和精神的幸福放在第一位。在此基础上，"为社会、为世人"做出贡献。把这样的理念当作经营企业的大义名分。

这样的经营理念每个人都能接受，都能引起共鸣。由此，员工们会把京瓷当作自己的公司，就会拼命地工作。同时，经营者为了实现员工的幸福，也会全身全灵投入经营。结果，经营者和员工成为同志和家族，为同一目的，抱同样意识，共同奋斗。

从这点出发，我不断强调企业的这一"经营理念"，利用各种机会，给员工们解释其中的意义，努力让员工们共有这一理念。

这样，让大义名分为员工们所共有，就能超越经营者和员工各自强调自我中心这样对立的结构，实行"全员参加的经营"。这就是阿米巴经营的第三个目的。

阿米巴组织划分的三个要点

有关"阿米巴经营"的三个目的，我想大家都理解了。下面讲"阿米巴经营"在实际运用时要注意的地方。

下面说一下"阿米巴的组织划分"。

在"阿米巴经营"中正确分割组织、打造"阿米巴"，这是成功的关键。这里有三个要点。

第一个要点：部门的收入和费用必须清晰，部门必须是一个可以独立核算的单位。

部门收入是明确存在的，而且为了获得这种收入，它的费用也是很明确的。划分组织要满足这个条件。

不管什么组织，它的费用是可以弄清楚的，但收入就不一定。有的部门收入不易看清，有的部门没有收入。要进行独立核算，买卖关系必须清晰，能够进行收支计算。就是说，有收入，费用也能明确把握，这是划分阿米巴的第一个条件。

第二个要点：被划分的阿米巴"作为一个事业能够独立完成"。

换句话说，具备作为一个独立的公司应具备的功能。

阿米巴长作为经营者用独立核算的办法经营他的阿米巴，阿米巴作为一个事业能够独立完成，阿米巴长作为经营者可以通过钻研创新，切实感觉到工作的价值。否则，划分阿米巴就没有意义。

我想举精密陶瓷的生产工序为例来进行说明。前面已提到，精密陶瓷的生产工序首先是调制原料的工序。接着是将原料粉末压制成希望的形状，即成型工序。然后是将成型后的半成品在高温中烧结的工序。最后是将烧制的半成品打磨，也就是精加工工序。

京瓷在生产部门划分的阿米巴，最初就是其中的原料工序。开始时，要把精密陶瓷的原料调制工序搞成阿米巴，进行独立核算，对照"作为一个事业能够独立完成"这一条件，我曾担心这是否划分得太细了。

但是，日本有专门调制陶瓷原料然后销售的公司，它们向京瓷这样的陶瓷企业提供调配好的原料。如果仅仅调制原料就能成为一个公司，那么，京瓷设法低价购进原料，将其调配好后卖给下道的成型工序，作为一个事业应该能够成立。基于这种考虑，就将原料工序作为一个阿米巴，让它独立经营。

成型、烧制、精加工等工序，是只靠收取加工费就能经营的中小企业，实际上在日本这种中小企业有很多。它们利用客户的设备和原材料进行加工,只收取加工费,事业照样能成立。因此京瓷的这些部门从原料部门购进原料,然后成型、烧制、精加工,最后销售。因此这些部门都可以独立核算。基于这样的思考,我让这些部门都作为阿米巴独立核算。

这样,将组织细分到作为一个独立的事业能够成立的状态,这就是阿米巴组织划分的第二个要点。

第三个要点:能够贯彻公司原本的整体目的。

第三个要点是"能够贯彻公司原本的整体目的"。有这样一种情况,即使满足了能进行独立核算的组织这个条件,但让这个组织作为阿米巴独立,反而会破坏公司整体一贯的经营方针。这时,就不能让它独立成为一个阿米巴。

就是说,如果阿米巴细分的结果使本应协调一致的功能变得支离破碎,那就无法达到公司的整体目的。因此,这样的阿米巴就不应该让它成立。

例如销售部门,随着订单和销售的增加,组织逐渐变大。这时将销售部门进一步细分成接受客户订单的部门、给客户送货的部门、开出账单回收资金的部门。从独立核算的角度看,这样的划分是可能的。

但是,这样做,作为销售部门就不能给客户提供从头到尾的完整的服务。与客户做生意,某个部门只管拿订单,这行不通。还有交货期管理、送货、应对客户投诉和回收资金等工作。如果这些工作分别由其他阿米巴担当,就无法满足客户的要求。

因此,阿米巴并不是能分就要分。阿米巴的划分必须有利于贯彻公司整体的方针和目的。

同时，重要的是，阿米巴不是一次划分完以后就万事大吉了。经营者必须随时观察现在的阿米巴组织是否适应事业的环境，以便需要时做出调整。

现有的阿米巴进一步细分，细分过头的阿米巴重新合并，这些都必须根据情况经常审视和调整。生产部门也好，销售部门也好，阿米巴组织如何划分是一个非常重要的问题。这一点失败了，阿米巴经营就失去了意义。

从这个意义上讲，"阿米巴组织如何划分，这既是阿米巴经营的开始，也是阿米巴经营的终结。"

阿米巴之间的定价

在阿米巴经营的实践中，还有一个要点，那就是"阿米巴之间的定价"。

各道工序的阿米巴组织设定后，各阿米巴之间就要进行买卖，必须决定各阿米巴之间的买卖价格。因为各个阿米巴都要尽力提高自己的核算效益，所以这个阿米巴之间的定价对阿米巴经营来说就非常重要，而且也非常困难。

这是因为阿米巴之间的买卖价格并没有客观的标准。有一个卖给客户的最终价格，但工序间的买卖价格却没有任何客观的基准。

那么，怎么来决定阿米巴之间的卖价呢？

某产品的订单决定后，从它的最终价格向前倒算，来决定各道工序的价格。

这一产品以这一价格卖给客户，那么，最终的检验工序的价格是多少，精加工工序价格是多少，一直推到原料部门是多少。这样来决定各道工序间的价格。

这时候，某个部门并没有付出特别的劳力，却因定价高，很轻松就能盈利。而别的部门费工费时，却因定价过低，不管怎样努力，依然亏损。这样定价就不公平。对阿米巴之间的定价做出判断的人，必须公正无私，具备让各方接受和认可的见识。

对阿米巴之间的定价做出判断的人，必须掌握：哪个部门会发生多少费用，需要多少劳力，产品技术上的难度如何，等等。

同时还要能够对照社会常识，让有关工序在正常情况下都能盈利。必须这样来定价。

所谓社会常识，就是有关劳动价值的常识。比如，销售电子设备，毛利一般是多少，如用临时工，日工资是多少，以及这项作业如果让外面做，要花多少钱，等等。这些常识都要知晓。

就是说，各个阿米巴之间的定价，要有对各个阿米巴的工作内容相当了解的领导人，根据社会常识，考察各阿米巴的费用和劳力，决定适宜而公平的价格。

这是一项非常困难的工作，同时也是一项非常重要的工作。

即使这样来给各阿米巴定价，仍然会发生各阿米巴之间的对立和争执。例如，假设最初各阿米巴间很公平地决定了价格，但过了两个月，由于市场竞争的结果，最终价格降了一成。

这种情况下，如果各道工序都能降价一成，那当然最好。但是，其中有的工序阿米巴可能会说："这个产品我们以前就亏损，之前我们就一直要求调整价格。现在又要一齐降价一成，我们的亏损额将更大,生产这种产品已没有意义。所以这个订单我们不要了。"这样的话,一齐降价一成就行不通,阿米巴之间就会开始吵架。

还有,销售和生产之间也会产生对立。

在生产制造厂家,生产和销售之间大都采用"买断卖断"的交易方式。销售部门从生产部门购买产品,然后负全责卖给客户。这时,销售要尽可能从生产低价购进,然后尽可能高价出售给客户,以便多盈利,就像商社一样。这中间可以凭才能品尝到做生意的美味。

但是,像京瓷这种向客户直销的生产厂家,如果也搞"买断卖断",销售部门就会想尽办法低价购进,而生产部门就会想尽办法高价卖出。销售部门和生产部门之间会发生激烈的利害对立,公司整体可能疲软无力。

为了避免销售部门和生产部门之间的对立,当时,在国内的销售部门,只要拿到订单,有销售,就可以自动获得10%的手续费,就是采取所谓的佣金制度。采取这种形式,销售部门虽然不能光凭自己的才能赚钱了,但得到的补偿却是只要有销售额,就能获得10%的手续费。这样,因"买断卖断"而争吵的现象消失了。

采用这种形式,不管产品价格如何下跌,销售部门都能获得10%的佣金,所以销售部门往往很轻率地接受客户的降价要求。而对于生产制造部门而言,成本要压缩10%谈何容易,弄不好就会亏损。但销售部门却轻易答应客户的降价要求。这样,生产与销售之间又产生利害对立,吵架的事又不断发生。

另外，海外的当地法人与日本的总公司之间也会产生对立。

特别是发生质量投诉和交货期问题时，在美国的销售部门与日本国内的生产部门很快就会吵起架来。美国的销售部门认为自己的业绩不佳是因为日本的生产部门有问题，因而大为光火。当时联系手段依靠电传。抗议的电文接二连三传到日本。

本来，当发生客户投诉、有可能失去客户信任的时候，在日本的生产部门和在美国的销售部门更应该团结一致，努力克服这种危机。然而，实际上恰恰相反，碰到危机反而出现内讧，而且这种不和、内斗还辗转传到客户那里。

在美国的销售人员，因交货不及时多次受到客户训斥时，他们就会在客户面前毫无顾忌地说："这都是因为京瓷的日本生产部门不负责任。我已多次向生产部门发去了电传，他们一点也不守信用。"为了自己个人的面子，销售人员居然在客户面前谴责自己公司的生产部门。这样做，京瓷公司整体就会丧失信用，可能再也得不到这些客户的订单。明知会产生这样的后果，仅仅为了自己一时的颜面，销售人员竟然会说这种话。

这种对立，都是"利己主义"产生的结果。

在"阿米巴经营"中，把公司分成了许多小组织，分别独立核算、独立经营。让自己的部门尽可能多盈利，这种意识很容易强烈起来，因而引发部门间的争执，破坏公司整体的协调和谐。

按理说，各个部门在拼命努力维护和发展自己本部门的同时，也必须竭尽全力做到让公司整体利益最大化，即所谓的个体与整体的平衡协调。但现实是往往实现了个体的利益，却损害了整体的利益。

阿米巴经营从哲学共有开始

要解决这样的矛盾，就需要在追求个体利益的同时，能够超越彼此所处立场的不同，就需要能够在高层次上进行判断的、正确而坚定的"哲学"。就是说，各位阿米巴长不仅是各自部门的利益代表，而且是京瓷公司整体利益的代表，必须具备这种高层次的哲学。

这里所说的高层次的哲学，在京瓷公司，就是刚才介绍过的"实现全体员工物质和精神两方面的幸福"这一经营理念。具备了这种全体员工能够共有的理念，员工们就不会只考虑本部门的利益，而是为了实现伙伴们的幸福，优先考虑公司整体的利益。

另外，还需要作为人的带普遍性的价值观，就是正确而坚定的思维方式。

在京瓷我总是利用各种场合，反复给大家讲述作为人应有的基本的思维方式。在京瓷，这被称为哲学。

这种哲学用公平、公正、正义、勇气、诚实、忍耐、努力、亲切、谦虚、博爱等朴实的词语表述。是父母亲、老师教导的做人基本的道德项目，也是针对"作为人，何谓正确"这一命题的解答。

这种普遍正确的哲学如能在企业内部为大家所共有，那么，阿米巴长就会排斥"只要自己好就行"的恶的念头，就会立足于善的思考：为了公司的整体利益，我必须干些什么？

推行"阿米巴经营"的领导人必须具备高层次的哲学，还有一个理由。就是说，能够成为领导人的人，往往本来就是那些利己的、自我主张强烈的人。

往往会干些坏事的人，更需要具备普遍正确的哲学，用以抑制自己的行为。就是说：

必须掌握用以律己的高层次的哲学，尽力抑制任性的、专断的行动，这样才能使阿米巴经营正常地发挥它的功能。

因此，我经常强调，领导人必须具备高层次的哲学，必须具备高尚的人格，必须是人格完善的人。

就是说，在"阿米巴经营"中充当领导的人，必须是人格非常优秀的人。只有这样的领导人才能保证企业的永续发展。

在京瓷的阿米巴经营的运用中，这种哲学的渗透反映最为浓烈的就是薪酬制度。

在京瓷，即使某个阿米巴取得了非常突出的业绩，也不会因此大升工资或给予很多奖金。当然，工作业绩获得长期的好评，会在升工资、升职务方面得到体现。但我们不会采用仅仅因为该阿米巴盈利多，就马上大幅加工资、发奖金这种报酬制度。

如果阿米巴的业绩直接与个人的收入挂钩，那么员工们就会为短期的业绩忽喜忽忧。同时，因为不满和妒忌，会使公司内部的人际关系变得一团糟。

所以，在京瓷，如果某个阿米巴取得了优异的业绩，就是对整个公司做出了很大的贡献，就能得到来自其他阿米巴伙伴们的赞赏和感谢。

这样的话说给公司外的人听，他们往往不理解，觉得不可思议："这么做真的行得通吗？"但在京瓷，刚才已谈到，在全体员工都能接受并引起共鸣的经营理念之下，"贯彻做人的正确的准则"这种哲学彻底渗透,被大家共有。

就是这样,不是用金钱来操纵人心,因对公司做出了贡献而受到大家的赞赏,这才是最高的荣誉。

这样的观念已经成为领导人和全体员工共同的思想。

阿米巴经营是以崇高的哲学为基础的经营体制,这样说一点也不过分。大多数欧美企业的经营都依据绩效主义。绩效主义是直截了当地刺激人物质欲望的办法。根据工作成果给予相应的报酬,甚至决定是否雇用。这是一种冷冰冰的理性,是缺乏人性的做法。这种方法或许一时能刺激人的干劲,但要长期持续地激发人内在的积极性是很困难的。

与此相反,"阿米巴经营"是以经营者和员工、员工和员工之间的信赖关系为基础的全员参加的经营,是一种珍视人心的经营体制。因为"阿米巴经营"是全体员工参与的经营,所以包括生产现场的作业人员,所有员工都朝着自己设定的目标自发地努力工作。

世上有不少经营者认为劳动者只要劳动就行,因此制定严酷的定额强制他们工作。或者以高额的成功报酬作为诱饵,刺激人的欲望,借以达到提高公司业绩的目的。

与此相反,所谓阿米巴经营,就是在现场工作的每一位员工都带着"自己也是经营者"的意识,在感受到劳动的喜悦的同时自发地努力工作,这样来提高公司业绩的一种经营体制。

这么说来,"阿米巴经营"是以哲学为支柱的"尊重人性的经营",是把"体贴人的经营"变为现实可能的经营体制。

再进一步说,让员工们感受到自己参与计划、自己亲自经营

的喜悦，尊重每个人的劳动价值，这样的经营才是阿米巴经营。

我认为，京瓷集团飞跃发展的原因，就在于这种根植于正确哲学的阿米巴经营渗透到了京瓷公司在全世界的各个角落，全球的京瓷员工都在认真实践。

中国的企业今后也会不断向全球化发展。在世界各地开展经营活动的时候，需要拥有全球通用的普遍正确的经营哲学，与此同时，确立以这种哲学为支柱的清晰的经营管理体制，并在实践中正确运用。这是很必要的。

如果我今天的讲演能够成为一种契机，成为到场的经营者们今后实践这种卓越的经营的契机，我会感到万分荣幸。

同时，我祈愿我的讲演对于不断发展的广州市，对于不断成长的中国经济，对于一衣带水的日中两国的友好，都能有所帮助。

会计七原则
——在稻盛和夫经营哲学大连报告会上的讲话

由稻盛和夫（北京）管理顾问有限公司和大连盛和塾共同举办的"2011年稻盛和夫经营哲学大连报告会"，有这么多的中国企业家参会，还有许多日本盛和塾的塾生赶来参加。对此，我深表感谢。

在讲演之前，请允许我向为筹备这次报告会付出辛勤努力的大连盛和塾以及有关各位，表示由衷的谢意。

在今年9月举办的"稻盛和夫经营哲学广州报告会"上我以"阿米巴经营带来企业持续发展"为题，就企业经营不可缺少的管理会计，也就是我独创的"阿米巴经营"的基本的思维方式及概要做了说明。

今天，我想继续9月的讲演，就企业经营的实学，即我对企业会计所做的思考，就是所谓的"京瓷会计学"进行阐述。

我不是财务专家，但作为经营者，在日常的经营中，我意识到会计的重要性。在不断学习的同时，结合经营实践，对会计应该怎么做才对，我用自己的方式，确立了会计的原理原则。

京瓷在50多年的经营中，没有一年亏损，持续快速成长发展。我认为原因之一，就是我们在很早就确立了这一有关企业会计的正确原则，并在此后的经营中贯彻实行。

以上述经验为基础，1998年在日本，总结我对企业会计的思考和实践的《实学》正式出版。"工程师出身的经营者所著的实践性商业书籍"，成为畅销书，至今还有许多经营者、管理者、会计师在认真阅读。在中国，今年也出了新的版本，并获得了很高的评价。

中国经济飞跃发展，在这过程中，许多中国企业也得以迅速成长发展。这些快速成长的企业，为了维持成长发展，必不可缺的是，支撑这种发展的正确的企业管理思想，构筑清晰的企业管理的体制。这就是"阿米巴经营"，还有我下面要讲的"京瓷会计学"。

京瓷会计学的产生

首先，从我这种会计学是如何产生的这点讲起。

1959年，归因于我的几位朋友们的支援与好意，我创立了京瓷公司。当时我只是一个27岁的工程师，没有经营的经验和知识。尽管如此，在以前工作过的企业里，因为我承担了从产品开发到事业化的全过程的任务和工作，所以对产品的开发、生产、销售——这三项企业经营的要素，我觉得应该能够胜任。

但是，对于"会计"我一无所知。最初看到资金平衡表，右边是贷方"资本金"，左边是借方"现金·存款"，我甚至认为"把资金两边分开，两边都有钱"。

当时的我就是那样。但是员工们在各种事情上都要听我的判断，而京瓷是一个刚刚诞生的小企业，只要有一次判断失误，企业就可能马上倾覆。究竟应该以什么作为判断的基准？我非常烦恼，甚至夜不能眠。

由于缺乏经营的知识和经验，我决定对所有的问题都自问："作为人，何谓正确？""把正确的事情以正确的方式贯彻到底。"

就是对照我自己也能理解的父母和老师从小教导的朴素的伦理观，对一切事情做出判断。这样的话，我想哪怕没有经营的知识和经验，也不至于在判断上发生大的错误。

就是说，在自己的心中确立了基于所谓原理原则的判断基准。现在回过头来看，当时我缺乏经营常识，没有被常识所局限，反而是幸运的事。

因为这样我就可以去捕捉事物的本质。

对于"会计"也一样。因为总要回归到事物的本质进行思考，因此在有关会计的具体问题上，只要我有疑问，就马上要求财会人员做出详细的说明。

但是，我想知晓的不是会计和税务的教科书式的说明，而是会计的本质及其背后的原理。而在这方面，财会人员往往不能给我满意的解答。

财务专家会说，"会计上就是这么规定的。"但我每天都为经营上的问题而烦恼，他们这种说法我不能接受。于是就追问，"那是为什么？"一直到他们的解释让我满意为止。

有一位在京瓷创业几年后进公司的财务部长，他曾在历史悠久的企业里积累了丰富的业务经验，是一位财会专家。他并不因为我是社长,就会对他相信的东西轻易让步。

但是,不管多么小的事情,只要我有疑问,就毫不客气地向他提出。"为什么要使用这种票据?""从经营的立场上应该这么做才对,为什么在会计上却不这么处理?"我总是刨根问底,反复追问"为什么"。

他回答说:"反正企业会计上就这么规定的。"但我不肯罢休:"这种回答没有说服力。不能回答经营者想知道的事,这样的会计没有价值。"直到他的说明能让我接受为止。

最初他对我的提问很吃惊,觉得不可思议。因为作为财务专家他很自负,对他而言,我似乎提出了一系列奇怪的问题。但过了几年,他的态度突然转变,开始认真诚恳地倾听我的意见。

作为经营者,我从"正确的经营应该是怎样的"这一立场出发,对会计发表看法。他理解了我的观点。作为财务人员,我的这种立场,他过去没有思考过。

"会计真的是应该为经营服务的。"他主动吸取了这一观点。

后来我问他时,他说他意识到,我提出的问题"直逼会计的本质"。

后来,他以财务部长的身份参与了公司在日本上市和在美国发行股票(ADR)。在京瓷成长发展的过程中,把会计系统改进得更加完善精致。

在京瓷成长发展过程中,我遭遇到各种财务和税务上的问题,我都依据自己的经营哲学,从正面认真研究,做出判断。

通过对具体事件的深入思考,对于会计、财务本来应该是怎样的,它的理想状态是什么,我都有了自己独特的见解。

这种思维方式作为"京瓷会计学",和京瓷独创的"阿米巴"经营管理模式一起,渗透到京瓷公司内部,成为京瓷快速成长的原动力之一。

"京瓷会计学"就是这样产生、培育的,它是经营者用于经营实践的会计学,它由七条原则组成,下面我想逐条解释。

第一条原则:以现金为基础的经营原则

在近代会计学中,当收入和支出的事实发生时,就算有了收益和费用,计算入账。这叫作"发生主义"的会计处理方法。采用这种方法,实际的现金收支发生时,作为收益和费用,在会计上的认识是不同的。

其结果,结算表上显示的盈亏数字的变动和实际的现金流动脱节,对经营者而言,就很难弄清楚经营的实态。

例如,报表上有利润,实际上不是以现金,而是以库存或尚未到账的应收款等各种形态存在。这样,就会发生决算虽然盈利,却又必须向银行借钱的情况。

经营的基础归根结底要靠手头的现金,不是会计报表上有利润就可以安心了。 经营企业必须经常考虑"赚到的钱哪里去了",要增加手头的现金。

以现金为基础的经营原则可以给企业带来稳定。

在日本,有的经营者因为"票据没有贴现"四处奔走筹款,总算贴现了,就自以为经营很有本事。但总是为紧急筹款而奔走不停,像自行车一停就倒下一样,这样做至多不过是把亏本经营挽回到收支平衡、不盈不亏的状态,不可能让企业成长发展。

另外日本有很多经营者认为,靠银行贷款来快速扩张事业是个好办法,但俗话说,银行是"晴天借伞与人,雨天反而收伞"。企业一旦有危机,银行就很无情。因此企业必须在任何时候都要靠自己的力量保证自己不挨雨淋,同时现代社会技术革新日新月异,很短时期内,事业环境就可能发生巨大变化,要在这样的背景下持续推进事业,就要将必要的资金,在必要的时间,投入研究开发和新设备投资。

因此,经营者必须保留充裕的自有资金,这样才能根据需要加以使用。

为达此目的,企业除了积累雄厚的内部留存外,别无他法,就是说,必须提高企业自有资本的比例,这是衡量企业稳定性的重要指标。

前面谈到,日本企业大多倾向于向银行借贷的方式经营企业,不是累积自己的利润,以自己的钱来经营,而是考虑向银行借钱。他们认为,与其获利后缴税和分红,不如借钱付利息反而能节税,这样做好处多多。

但是,以借贷方式筹措资金,会受到市场利率、资金供需变动,以及政府、金融机构政策方针的影响,开拓新事业或扩大生产设备的投资,往往因此而错失良机。

因此,创业后不久,我经营企业就下工夫尽量增加手头的现金。其结果,不仅让京瓷成了具备高收益体质的企业,而且很早就实现了无贷款经营。

再则，努力实践以现金为基础的经营，身边有了充裕的资金，那么当新的商业机会来临时，就能果断出手，在推进新事业中占据优势。

可见，"以现金为基础的经营"不仅可以给企业经营带来稳定性，而且可以构筑企业持续发展的基盘。所以，这是一条基本原则。

第二条原则：一一对应原则

所谓一一对应原则，就是物品和金钱流动必须开票，票据随物品和金钱一起流行。公司内彻底实行一一对应原则，一张张票据上的数字累加起来，就成为公司整体的业绩，企业会计就表达了公司的真情实况。我意识到这一条的重要性，是出于以下经验。

京瓷创建后第三年即1962年，我第一次去美国。当时的日本，精密陶瓷的市场很小，我很想把精密陶瓷的产品卖到美国去，在那里，最尖端的电子和半导体产业的发展方兴未艾。最初竭尽辛劳却拿不到任何订单，到1968年，我们在后来成了半导体产业发祥地的硅谷附近设立了销售据点，开始了销售活动。当时我派遣海外经验丰富的贸易部长，加上一名刚进公司的年轻员工，赴美国长驻。

当时的这位新员工后来成了京瓷的副社长，全面负责海外业务，工作得很出色。但他出身于理工科，当时既不会讲英语，又没有会计知识。于是，委托当地日裔第二代的注册会计师指导财务工作。这位新员工负责处理票据等工作,他很用功,但他学得不顺利,很辛苦。

我去美国出差时,曾邀他一起去旧金山郊外的斯坦福尼亚大学图书馆学习财务。那里的书架上不仅陈列着难读的专业会计书籍,还有教授零售店店主记账方法的通俗读物。当时我想,美国果然是一个讲究实学实用的国家。现在我还记得我们两人从基础开始自学会计的情形。美国的业务不久便顺利展开。正好硅谷半导体产业处于勃兴期,来自半导体厂家的订单快速增加。这位新员工从营销活动、发订单、交货管理,到财务会计,一个人处理得井井有条,他像超人一样工作。

正在这时我又去了美国。他把表述业绩变化的会计资料给我看,兴奋地向我报告:"社长,公司增长顺利。"看半年期的报表,销售额、利润确实都顺利增长了,但月度结算很不平衡,有时赤字很大,有时盈利很多,经常出现或高或低的情况。

我问道:"出现这种情况不正常吧,这个月卖这么多有这么大的赤字,下个月销售额相同,却有这么大的盈利,这究竟是怎么回事?"

他说:"我们是按注册会计师的意见处理的,结果确实如此。"我认真核查了具体内容,不出所料,一一对应的原则并没有实行。实际的处理过程是这样的:在客户的催促下,产品从日本空运到美国,一到机场,这位新员工就急忙送到客户那里,并当场开出销售票据。但是从日本京瓷发给当地的出货凭证"装箱单"却要经由银行推迟一个星期后才能到达美国。到时他才能据此计算进货成本。于是,他卖出的产品只有销售发票而来不及开进货发票，所以凡是月底从日本大批进货后送交客户，这个月的销售额就发生了，报表上就出现大幅利润，一星期后一开进货发票，又出现大幅赤字。这样，月度盈亏波动就很大。

我指出这个问题，要求彻底实行一一对应的原则。就是说，进货时一定要开进货票据，作为对日本总公司的应付款计入成本。等装箱单来后，再和进货发票对冲，将应付款转为应付银行债务。就这两点，我向他做了具体的指示。

不管每项交易处理得如何正确，但如果处理时没有一一对应，经营资料就不能反映实际情况，就有可能将公司导向错误的方向。

有关在美国的会计处理事宜，有如下一则逸事。

京瓷在准备股票上市时，我们请人介绍了一位注册会计师。我正要去拜访，他倒先来电话："我要看看你是怎样的经营者，才能决定是否接受委托。你委托我，我很荣幸。但接受还是不接受，要看了委托人的人品才能决定。"

待与这位注册会计师见面后，他的话就更苛刻了。"有的经营者会对审计师说：'这么一点就不要计较了，这样妥协一下不就行了吗，不要太死板了。'我决不和这种人合作。经营者必须光明正大，经营者如果不以正确的方式做正确的事，我就不接受他的委托。你能同意我的观点吗？"

我马上表示同意。"好！我的人生观与你相同，你的想法正合我意。"不料他又说道："开始时，这种漂亮话每个人都会说。现在公司形势好，当然会这么说，当经营遭遇困难，状况不好时，肯定要我出主意、想办法。"

这位会计师真是够顽固的。我说："我是一个光明正大的人，请你相信我。"你来我去，交锋的结果，他终于同意做我们的审计师了。

但直到京瓷决定上市时，这位注册会计师还是不放心，他唠叨说："一个风险企业，这么快就要上市，公司内部的管理系统没有整合好，公司各个方面应该有各种问题。"他最初的工作是监查我们公司的内部管理。他首先选择我们关注不及的海外分公司，就是刚才提到的在美国的销售据点，他专程去了一趟。

到那儿一看，只有一位理工科出身的年轻人，连英语也说不好，却从营销到财务单肩独挑。这位注册会计师心想，这里一定问题不少。

然而他一查，所有票据都按一一对应原则处理。打开存放现金存款的小保险柜，将现金和账簿对照，分文不差。这位注册会计师极为惊讶，从此对京瓷的会计系统全面信赖，刮目相看。

这条一一对应原则必须在企业活动的每一个瞬间都贯彻实行。

比如，出货给客户时，必须开出货单，计算销售额，然后作为应收货款管理，一直跟踪到回收货款为止。委托运输业者送货，或者销售人员直接给客户送货上门，手续都一样。

京瓷创业之初，有许多客户是企业的研究所或公共研究机构。那些机构的研究人员对我们提出要求："想做这项实验，特别紧急，希望用新型陶瓷做这样的零件。"我们为此做过各种各样的产品，有时，虽然都约定了交货期，但依据客户的实验进度，客户急着在约定的交货期前要货。这种情况也不鲜见。

这时即使是深夜，销售人员也会匆匆忙忙将产品送去，放下后就回来。虽然销售人员想着"明天开票"，但无意中因为繁忙而忘记了。

一到月底，制造部门就会追问："那产品怎么处理的，什么时候计入销售额？"销售人员慌忙赶到客户处，可客户却弄不清这产品用到哪里去了，确认不了，结果货款拿不到。曾经就发生过这样的情况。

因此，我构筑了这种一一对应的体制，不管什么场合，不开票据，物品不允许流动。这点在今后企业推进 IT 化时也一样。如果现场不遵守这条单纯的原则，由电脑统计出的数字就毫无意义。

同时，**物品流动、金钱流动，全部要一对一处理。**这件事看起来似乎单纯至极，但它对保证企业健康运行具有重大意义。这一点，只要看看在企业经营中，这些年来层出不穷的违规处理、舞弊丑闻，就不难理解了。

例如，与客户串通，到了期末先开出虚假的销售发票，到下期期初做退货处理，以便对上账。这种做法横行的结果，不仅让人看不到经营的实况，而且使公司内部的经营管理形同虚设，组织的道德水准大幅下滑。这样的企业不可能持续发展。

现在，中国经济在世界经济中发挥着极其重大的作用。人们都期待中国企业现在能够建立起健全的会计制度。为了实现健全的会计，在公司内部确立这个一一对应原则非常重要。

——对应原则的本质在于"彻底遵守规则"。

从最高领导人起,所有人毫无例外,彻底遵守"一一对应原则",就能将企业内部的舞弊防患于未然,还能提升企业道德水准,增强员工对企业的信任度。

通过一一对应原则,企业各部门都贯彻光明正大的作风,只有这样的企业在现代的全球化经济中,才能走上持续发展的轨道。

第三条原则:筋肉坚实的经营原则

企业的发展必须长期持续。为此,经营者必须塑造一个没有赘肉的、筋肉坚实的企业。这就叫"筋肉坚实的经营"。

对公司而言,所谓"筋肉"是什么?

就是"人""物""钱""设备"这些能产生销售额和利润的资产。

不能产生销售额和利润的多余的资产,比如卖不掉的库存、过剩的设备就是赘肉。彻底剥除这些多余无用的资产,最大限度地发挥有效资产的作用,就可以塑造长期持续发展的"筋肉型"的企业体质。

为了实现"筋肉坚实的经营",我采取了各种各样的具体措施。

京瓷创立初期,资金不足,凡事节俭。办公室的桌椅不买新品,而去买二手的便宜的钢家具。别的公司搬家,往往将一直使用的东西廉价处理,卖出的价格只有新品的几分之一。我们就只买这些半新半旧的东西。

购买制造设备也秉承同样的宗旨。现场的技术人员总想引进新设备，我却总是坚持："机械设备，如果二手货顶用，就用二手货。"即使有性能优良的新机器，也不允许轻易购买。我总是教育部下，要千方百计，钻研改进，把现有设备用好。

创业后不久，我访问美国，并有机会参观作为竞争对手的美国陶瓷企业。那里整整齐齐排列着最新的德国制造的先进冲压机械，机械的运动富有节奏感。当时的京瓷动脑筋使用自己设计、手工制造的冲压土设备，操作起来十分费力。

当我询问"一台机器要多少钱"时，车间主任说了一个让我目瞪口呆的价格。这时我立即思索：

"这么昂贵的机器，一分钟究竟能生产出几个产品呢？京瓷用自制的土设备效率是它的一半，价格只是它的几十分之一，从设备投资效率来比较，京瓷的自制设备更划算，可以胜过它们。"

进行设备投资，确实可以提高生产效率，或许还可以获得使用尖端技术的满足感。但是实际上，这么做经营效率未必能够提升。

工程师、企业经营者往往想要最先进、最尖端的设备。他们容易陷入一种迷信，就是如果不购入这种设备，就会在竞争中失败。

必须让他们充分理解：引进这类设备，将大幅增加固定费用，弱化企业的经营体质。包括引进二手设备，要对费用和成本进行充分研讨，尽可能压缩固定费用。这样即使销售收入有所减少，也不会影响企业的稳定，可以塑造高收益的经营体质。

另外，我反对投机。只有额头流汗得到的利润才有价值。对我而言，所谓投资，就是投下必要的资金，通过自己额头流汗、辛勤工作获取利润，而非不劳而获。在我的会计学中，没有丝毫依靠投机一攫千金的想法。

比如，在运用剩余资金的时候，保本是大原则，对土地和金融产品的投机性投资一概不做。日本企业在土地和股票飞涨的泡沫经济时代，所谓"理财工学"，就是财务部门将资金用于投机，这样的事例很多。

但是，泡沫经济破灭后，这些企业大多蒙受了重大损失。但我们京瓷不追求投机获利，而把力量倾注在企业本来应该从事的活动上，就是如何向社会提供新的价值，作为"汗水的结晶"，增加企业的利润。

企业的使命，是通过富有创造性的活动，孕育新的价值，为人类社会的进步发展做出贡献。这种活动的成果——获得的利润，我称之为"额头流汗换来的利润"。这才是企业应该追求的真正的利润。

将这样得来的光明正大的利润一点一点储存起来，那么，不管出现怎样的萧条，企业也能不动如山，这样就可以把企业打造成理想的筋肉坚实的企业。

还有，"筋肉坚实的经营"，在物品采购时，就是"即用即买"原则。**所谓"即用即买"，就是"必要的东西，在必要的时候，只购入必要的量"。**一般而言，人们常认为原材料和消耗品等一次性大量采购可以便宜，而且价格变化快的东西，应趁便宜时一齐购入。但我对此持否定意见。

为什么？因为东西买多了，人们无意中用的时候就会浪费。另外，管理大量物品既麻烦，又花成本。

还有，由于市场变化，产品的规格设计变了，库存的原料可能变得毫无用处。

如果"即用即买"，手头只有必要的数量，用起来就会节约、珍惜。不仅如此，多余的管理费用不需要了，还能灵活应对市场的变化。

"即用即买"原则现在已被许多企业所采用。这与"看板管理"方式是一致的。京瓷自创业不久，50多年前就开始贯彻这一方针，实现了"筋肉坚实的经营"。

第四条原则：完美主义的经营原则

排除暧昧和妥协，所有工作都要追求完美。

不管是研究开发还是制造现场，些微的差错就可能导致失败和不良品的发生，所以对工作必须要求完美。

在间接事务部门做资料时，许多人认为，稍微出点差错在所难免，差错可以用橡皮擦去。但无论是投资计划还是核算管理，基础数字哪怕略有错误，都可能导致经营判断失误。所以，**管理部门、销售部门，特别是财务部门，都必须贯彻完美主义。**

我经常要求会计人员向我解释月度财务报表上不明确的地

方。这时，如果发现财务资料上有错误，我就会严厉地批评他们。当时的财务部长回忆说："如果没将资料认真审核就交给社长，他肯定要严格核对有关的内容。他的提问常常让我们很狼狈，他会严厉地追究责任。为了万无一失，我们事先认真准备，多方确认，再向他提交资料，这时他只是简单地听听说明，不提问题，反而让我们感到失望。"

当我认真审阅资料时，不知道为什么，数字间的矛盾或不对头的数字会扑入我的眼帘，那些错误的数字、有问题的数字，就像求救似地自己跳出来。相反，如果所提供的资料，其中的数字经过充分确认，那么不管我怎么细看也找不出问题。

对经营负有责任的各级领导人，如果亲自认真贯彻完美主义，那么就会敏锐地发现资料中的错误，发现不合逻辑和数字矛盾的地方。领导人这样认真审核的话，做资料的人自然而然也会去追求完美主义。

经营者自己率先垂范，认真专注，让"完美主义"成为习惯，完美主义就会渗透整个公司。

不仅是做经营资料时要求完美主义，而且整个企业在努力完成目标时，必须要求全体员工一起贯彻"完美主义"。例如，在京瓷，针对销售和利润计划的完成情况，不认同如下论调："虽然没能达到百分之百，但也完成了百分之九十五，这次就谅解吧。"

对于销售、利润以至开发研究工作的进度，对于工作的全体、全过程，都要求必须贯彻完美主义。

不用说，贯彻了这种完美主义的企业，就能够克服任何形式的经济变动，推进企业成长发展。

第五条原则：双重确认的经营原则

所有的票据处理和进款处理都有两个以上的人来做。

贯彻双重确认的原则不仅是发现和防止差错的有效手段，严格遵守这项原则还有一个目的，就是塑造一个珍惜人的职场环境。人有脆弱的一面，偶然的一念之差，就会让人犯下过错。注意到人心脆弱的一面，为了要保护员工，所有的会计处理都要有复数的人进行，这种"双重确认的原则"是有效的。

1995年日本有名的城市银行大和银行的纽约分店有一名职员，在长达11年期间，从事美国国债的账外交易，给公司造成了1 400亿日元的巨额损失。这个事件被揭发以后，大和银行不仅被迫从美国撤退，而且后来不得不被其他银行所合并，现在已不复存在。

在区区一个银行职员身上发生的事件究竟为什么会成为导火线，引发历史悠久的大银行趋于崩溃呢？就是因为缺乏"双重确认"的体制，或者虽有制度却没能严格遵守。让两个以上的人和部门互相审核、互相确认，由此推进工作。若存在这样一个严格的制度，员工犯罪就可以防患于未然，同时，可以塑造出一种具有紧张感的、生机勃勃的职场氛围，促使企业长期持续发展。

双重确认的要点是在日常的业务中，构筑具体的双重确认的系统。为此，自京瓷创业以来，针对各种事项，我一一制定了具体的管理办法。说起来有点烦琐，但为便于理解，我想举出具体的事例，来说明双重确认的管理方法。

首先，管理进出款项。原则是：管钱的人和开票的人必须分开。小公司里，常常是社长亲自开付款票据，并且自己付出现金。这样做即便没有恶意，却可以随心所欲，这就谈不上严密的管理。为了防止这类情况，开票人和管钱人必须分开。到银行存钱，买材料付款，支付劳务费，或者支付其他费用，付款人和开票人必须分开。

收款时，不能因为账户上有金钱入账，管钱的人就可以开进款票据。管金钱入账的人要和与那笔收入有关的部门联系，请该部门明确进款的具体内容并开出票据，然后进行入账处理。**就是说，开票的人和管钱的人绝对要分开，这就叫双重确认的原则。**

处理小笔现金时，每天结束时合计的现金余额，和由票据做成的余额表相一致，这是理所当然的。但是，这不是在最后合计时让两者相一致，而是必须在每一个时点，现金动，票据也动，两者相一致。为此，在上班时间内，必须由现金出纳担当者以外的人，以适当的频度，对现金余额和票据进行确认。

公司印章的管理也基于同样的思考。印章箱有两层，外箱是手提保险箱，内箱是小型印章箱。管理内箱钥匙的人，即是盖章的人，外箱钥匙另有他人管理，两者可以互相确认。

保险箱的管理也一样。保险箱有两把钥匙，要有两个人来开锁。即使上班时间内，保险箱也要上锁，包括朝晚定期开锁在内，凡有必要开锁时，都必须有人见证，从保险箱进出钱、物，必须有复数的人在场。

在购买物品或服务时，双重确认体制也必不可缺。要求购买的部门必须向采购部门开具委托购买的票据，请采购人员发出订单。禁止要求购买的部门直接打电话联系供应商，交涉价格和交货期。按公司正规的采购程序采购，可以将采购过程中与供应商勾结等问题防患于未然，这时基于双重确认的管理体系必不可缺，另一方面可以确保向供应商支付货款。

还有公司内的自动售货机和公用电话的现金回收也要严格管理。因为金额小，人们往往不加注意。一次收钱金额微不足道，但日积月累，金额就不小。更重要的是，正如中国古代的韩非子所说，"千里之堤，溃于蚁穴。"看起来微小的事情也不能疏忽，这点很重要。

双重确认的原则，无关金额大小和事情的贵贱，都必须彻底遵守，这是铁则。乍看都是理所当然的事，但正是理所当然的事，要切实遵守，实际上却很难。只发指示并不能保证彻底贯彻，所以领导人必须亲临现场，检查制度落实的情况。只有反复确认检查，双重确认的原则才能在公司内固定、扎根。但是，最重要的是，这种双重确认的制度的根底，是决不让员工有犯罪的机会，这体现了经营者诚挚的关爱之心，正因为经营者具备了这种对于员工的好意善念，双重确认的原则才能在公司内实践推广，为大家所共有。

第六条原则：提高核算效益的原则

对于企业而言，提高自身的核算效益是重大的使命。为提高核算效益，在创业后不久，我就采用了叫作"阿米巴经营"的小组织独立核算制度。那是因为随着企业快速发展，把逐渐硕大化的组织分小，这样就能够以各个小的组织为主体开展事业。

随着事业的进展，组织可以自由地变更，因此拿原始生物阿米巴（变形虫）做比喻。每个阿米巴分别作为利润中心运行，像一个中小企业那样活动。该阿米巴的经营计划、业绩管理、劳务管理等所有经营上的事情，基本上都委托阿米巴长运作。

从这个意义上说，所谓"阿米巴经营"是以阿米巴长为中心，每一位员工对自己的目标都能清楚把握，都在各自的岗位上，能够为达成目标而主动地不懈努力。这正是全员参与的经营模式。

"阿米巴经营"与今天讲的"京瓷会计学"，作为车辆的两个轮子，成为京瓷经营管理体系的根干。

就是说，京瓷的经营，可比喻为一间坚固的房子：

京瓷的经营哲学是地基，会计学和阿米巴是在这地基之上支撑房子的两根柱子。

京瓷经营管理之屋

有关京瓷的"阿米巴经营"，上个月在广州的报告会上我已做了详细的说明。在这里，我只讲"阿米巴经营"同会计学密切关联的部分，就是在提高核算效益中的重要作用，即"单位时间核算制度"。

按一般的思维，要增加销售，就要按比例增加费用。

但我认为并非如此，**在使用各方面的智慧和创意增加销售的同时，不断地彻底地削减费用，这就是经营的大原则。**

所谓单位时间核算，就是为了实现"销售最大化，费用最小化"这一经营大原则，从销售额减去费用后的"结算余额"这一概念出发的。这个"结算余额"在经济学术语中称为"附加价值"。

企业要提高核算效益，必须提高附加价值。为了让员工尽可能便于理解这个附加价值，我就以每小时为单位计算附加价值，称之为"单位时间"，把它作为提高生产效率的指标。

在这个单位时间核算制度中，不采用复杂的成本计算，而采用让阿米巴全员对自己部门的核算都容易理解的方式。这样的指标都记入"单位时间核算表"中。所有的阿米巴每月制作这样的核算表。

在一般的企业里，基层的员工对自己的部门实现了多少销售额和利润并不清楚，当然对产生了多少附加价值也一无所知。在这样的企业里，要让员工主动地去努力提高核算效益，当然不可能。

但在京瓷，由于采用"阿米巴经营"模式和"单位时间核算制度"，员工们，即使是刚进公司不久的新员工，也能确实掌握自己所在部门的经营目标和完成情况，明确地理解为了提高核算效益，现在自己必须干什么。

这也是京瓷形成高收益企业体质的一大要因。

第七条原则：玻璃般透明经营的原则

　　自京瓷创业以来，我一贯注重"以心为本"的经营。我认为，为了构建与员工相互信赖的关系，经营必须"透明"。

　　为此，根据企业周围的状况，现在领导人在思考什么，瞄准的目标是什么，要正确地传递给员工，这是很重要的。公司的现状，遭遇的课题，应该瞄准的方向，让员工们确切地知晓，就能形成公司的合力，将每位员工的力量凝聚起来。否则，就不可能达成高目标、克服困难。

　　另外，现在订单有多少，与计划相比差多少，产生多少利润，利润是怎么使用的等，有关公司的处境状况，要让干部和基层员工都能一目了然。这也是实行"玻璃般透明经营"的一个方面。

　　实行"玻璃般透明经营"还有一点很重要，就是领导人必须率先垂范，光明正大。决不允许领导人将企业的公款私用，或乱花招待费用。如果出现这种事情，就会招致员工的叛离，道德的崩溃像野火般蔓延，以至于动摇企业经营的根本。

　　从这个意义上说，会计所起的作用极大。企业会计如果依据玻璃般透明经营的原则，构筑起光明正大的管理体制，就能防止人为的舞弊行为。万一发生这样的行为，也能把它控制在最小的范围之内。

　　这样的财务体制绝非是复杂的东西。追求作为人普遍正确的原则，以这种经营哲学为基础，贯彻"玻璃般透明的经营"，在公司内形成"通风良好"的职场。能否做到这些才是重要的。这种有关会计的思维方式和体制,不单用在防止企业内舞弊的发生,而且对企业的健康发展也是必不可缺的。没有这样的会计体制,不管有多么优秀的技术能力、多么充裕的资金,要让企业长期持续发展仍然是困难的。

我认为,京瓷之所以没有走弯路,顺利发展至今,就是因为以正确而坚定的经营哲学为基础,明确了会计的思维方式,构筑了有效的会计体制,确立了光明正大的企业风气。

以上所说,就是我所思考的有关企业会计的七项原则。

在日本,有些快速成长发展的风险企业突然破产,那是因为在没有确立企业会计原则和体制的情况下,企业组织和销售规模迅速扩大。另外,历史悠久的大企业,经营恶化,由粉饰决算、做假账为导火线而导致崩溃的例子也不在少数。这也是因为企业内部忽视了会计原则。

只要确立上述经营管理体制,就能正确表达看起来复杂的企业经营的实态,对经营做出贡献。同时能够树立严肃的、光明正大的企业风气。

而要做到这些,并不需要专业的会计知识和经验,只需要我刚才所讲的大家都能理解的简单明了的原则。正因为如此,这原则可以为企业广大员工共同拥有、共同实践。

中国经济获得了巨大的发展,现在已成为世界第二经济大国。今后中国的影响力还会进一步扩大。我认为,在这过程中,在经济发展中发挥核心作用的中国的经营者们,你们现在追求的应该是确立更加坚实的企业经营的管理体制。

在充满热情的企业家精神之上,如果再在企业内部确立我今天所讲的会计学以及管理会计的体制，那么，我坚信，不管今后遭遇什么经济变动，中国的企业都一定能继续成长发展。而且中国将会因此作为称冠全球的经济大国，长存于世。

　　我今天的讲演，如果能够成为一种契机，让在座各位实现上述卓越的企业经营，我将感到十分荣幸。在讲演结束之时，我衷心祝愿在座的企业经营者们不断进步发展，祝愿大连市获得更大的发展，祝愿增长中的中国越来越繁荣。

领导人的资质
——在稻盛和夫经营哲学重庆报告会上的讲话

由稻盛和夫（北京）管理顾问有限公司和重庆市海外交流协会举办的"稻盛和夫经营哲学重庆报告会"，有如此众多的中国企业家参加，还有许多日本盛和塾的塾生赶来参加，对此我表示衷心的感谢。

从前年起，我就开始努力，希望在这个经营哲学报告会上，将自己在长达半个世纪的经营实践中所体悟到的经营的思想和方法系统地告诉中国的企业家。

从北京报告会上"经营为什么需要哲学"的讲演开始，在青岛讲了"经营十二条"，在广州讲了"阿米巴经营"，在大连讲了"京瓷会计学"。

通过这几次讲演，对于在企业经营中哲学的重要性、经营的原理原则，以及有关经营管理的思维方式和组织架构，我想大家已经有所理解。

但是，不管揭示了多么高尚的经营哲学，不管构建了多么精致的管理系统，**这样的哲学和系统能不能正确运用，可以说完全取决于企业的领导人。**

因此，我今天的讲演题目就定为"领导人的资质"。

我想讲一讲站在企业活动最前线、努力奋斗的领导人应该具有的理想的状态。

当我思考理想的领导人应有的状态时，在我头脑里立即浮现出来的形象，就是美国西部开拓时期出场的篷马车队的队长。由约翰·韦恩出演的西部影片中出现的队长，我认为在其身上充分体现出了领导人应有的风采。

大家知道，篷马车队从北美大陆东部出发，以人迹未至的西部大地为目的地，组织队伍，经历了几个月甚至一年以上的大迁徙。在路途中有无数的困难和灾害向车队袭来。据说，有不少车队在中途便遭遇了挫折和失败。

掌握篷马车队命运的就是作为领导人的队长。只有发挥了卓越领导力的队长率领的车队才能到达西部的目的地。

现在的"微软"和"苹果"等公司都位于美国西海岸，席卷了全球的IT产业的繁荣，乃是当年篷马车队功绩的延续。从这个意义上讲，正是篷马车队奠定了美国发展的基石，我认为这么说并不过分。

这些篷马车队队长所显示的领导人的风貌，同我一直以来作为"哲学"，通过著作和讲演，向大家诉说的内容完全一致。我认为这就是领导人必须具备的资质。

因此，今天我想一边回顾篷马车队队长的事迹，一边来讲述领导人应有的资质和要件。

篷马车队队长发挥出的领导人的优秀资质是什么呢？我认为可以归纳为以下五点：

第一，具备使命感。

第二，明确地描述目标并实现目标。

第三，不断地挑战新事物。

第四，获取众人的信任和尊敬。

第五，抱有关爱之心。

第一项资质：具备使命感

我认为，正是因为篷马车队队长具备了百折不挠的、强烈的使命感，才能克服路途中的千难万苦，向着西部挺进。

我想缅怀美国建国之初的光景。

当初，登上北美大陆东海岸的移民，其中多数都是来自英国等欧洲国家的贫困阶层。为了追求富裕的生活，他们甘冒风险，赤手空拳从大西洋不断向西进发，希望开辟新的天地。

虽然其中也有宗教信仰的问题，但根本上是他们追求富裕生活的强烈愿望。正是这些人成了美国建国的先驱。19世纪中叶兴起的西部开发，正是这些先驱者开拓精神的延续。

就是说，移民们以及继承了他们血统的后裔们，企求通过获得财富来实现幸福，因而他们要开辟新天地，创建自己的"乐园"。

他们怀着强烈的愿望，描绘希望和梦想，乘上带篷马车，组成队伍，向着新的疆土开拓前进。而站在阵头指挥的，就是篷马车队的队长。

也就是说，美国的西部开发，在其根源上，是人们追求富裕的愿望。而篷马车队队长便处于这种强烈愿望的顶点。

在现代的商业世界里也是一样。以企业经营者为代表的各种集团的领导人，也像篷马车队队长一样，心怀强烈的愿望。然而重要的是，如果篷马车队队长的强烈欲望中充满私利私欲，结果将会怎样呢？

我想，恐怕他们得不到周围人的协助，团队四分五裂，结果不可能达到梦寐以求的新天地。

要率领团队前进，开始只是强烈的愿望也无妨。但我认为，同时大义名分也会成为必不可少的要素。

如果没有"我们是为着如此崇高的目的而工作"这样的大义名分，也就是没有"使命感"的话，要把众多人的力量凝聚起来，将他们具备的力量最大限度地发挥出来，是根本不可能的。

例如，在京瓷就有全体员工共有的经营理念："在追求全体员工物质和精神两方面幸福的同时，为人类社会的进步发展做出贡献。"

下面我想讲一讲制定这一经营理念的过程。

京瓷最初是以"稻盛和夫的技术问世"为目的而创立的公司。也就是说，当时创办企业的动机是我作为技术工作者的强烈的愿望。

但在创业的第三年，前一年录用的新员工们向我提出集体交涉，要我承诺他们提出的待遇方面的要求——连续多年，每年工资升多少，奖金发多少。

经三天三夜交涉，他们最终撤回了那些要求，留在了公司里。但是，由于员工们这次的反叛，"要将我的技术问世"这一京瓷公司最初的创办目的，在一瞬间便烟消云散了。

就是说，企业存在并不是为了实现经营者个人的愿望或欲望，而是为了保证员工们现在和将来的生活。我从内心深处理解了这一点。

实现技术工作者的理想，这一公司目的被击碎了，公司的目的变成了保障员工的生活。这样的转变让我感觉到一丝失落和寂寞，但这却是我一整夜苦苦思索的结果。这样我就把"追求全体员工物质和精神两方面幸福"作为京瓷的经营理念。同时，仅仅这一条，还不能体现企业作为社会公器的功能，因此我又加上了"为人类社会的进步发展做出贡献"这一条。

这样的企业目的，员工们能从内心产生共鸣，这样他们就会团结一致，为公司的发展竭尽全力，甚至粉身碎骨也在所不辞。

同时，也正因为有了这种光明正大的目的和使命，作为领导人的我自己，也可以问心无愧，不受任何牵制，一方面鞭策自己，一方面激励部下，不断将事业向前推进。

像这样，揭示出每个人都能从内心认可的、无论谁都可以共同拥有的目的，团队的全体人员就能够团结一致，为"共同实现这一卓越的理念"而努力奋斗。

篷马车队队长也是这样，他们的愿望不仅仅是自己个人"获得富裕"，而是要将团队的每一个人都平安地送达到西部的新天地。他们一定是抱着无论如何都要实现大家共同幸福这一强烈的"使命感"，而率队奋进的。

今天，聚集在这里的企业的领导者们，大家创办企业之初，哪怕只有强烈的愿望也无妨，但是为了企业进一步的发展，我希望你们也提出自己团队能够共同拥有的符合大义名分的崇高的企业目的，并将它作为企业的"使命"。让自己"具备使命感"，并让这种使命感为整个团队所共有，这就是领导人首先必须具备的最基本的要件或者说资质。

第二项资质：明确地描述目标并实现目标

篷马车队队长身上所体现的领导人的第二项重要资质是："明确地描述目标并实现目标。"

篷马车队从东部出发时，要各自确定到达的目的地，要求队长把全队成员安全地带到这个目的地。但是，那是连耕地也没有的土地。而且篷马车队前行的道路上充满着艰难险阻：险峻的山岳和连绵的沙漠阻挡着去路，也会遭遇狼群和美洲狮等猛兽的袭击，同时还要同原住民印第安人作战。

面对这重重困难而决不迷失和放弃目标，激励成员，率领团队达至目的地，这就是篷马车队队长的任务。

"明确目标，无论碰到什么困难都要实现目标"，这是企业领导人必须具备的资质。

在这里，首先遇到的问题是究竟该设定怎样的目标。

如果提出过高的目标，大家都觉得不可能完成，就不会真挚地付出努力。相反，提出的目标过低，很容易就能达成，大家又会觉得自己的能力被低估了，因而会漠视这样的目标。这样，团队就很难指望获得更大的成长发展。

在设定目标时，首先，领导人要找出一个在全体成员都能接受范围内的最高的具体数字，把它作为目标。然后，把这个目标分解，让团队全体成员都把它当成自己的目标。

这个目标不是一个总的抽象的数字，而必须分解到每一个组织。每个最小单位的组织都要有明确的目标数字，目标必须非常具体，目标必须成为每一位员工的工作指针。

另外，不仅要设定整个一年的年度目标，而且要设定月度目标。

这样，自然就能看清每一天的目标。如果每个人都能认清每个月以及每一天的目标，并切实完成，那么整个团队的年度目标也就能够实现。

这样做，每一位成员都能清楚地知道"自己的目标是什么，对照这一目标，现在自己进展到什么程度"，如果进度落后，自己就可以迅速采取措施迎头赶上。

还有，领导人不仅要揭示目标，而且要让大家相信目标一定能实现，不，目标非实现不可。

再进一步，该怎么做才能实现目标，领导人必须就具体方法做出指导。就是说，目标一旦确定，这个目标数字意味着什么，实现这一目标意义在哪里，以及如何才能实现该目标，都必须彻底地向部下交代清楚。

换句话说，自己对事业的思考，自己有关达成目标的想法，都要满腔热情地向部下们诉说，倾注心血，谆谆相告，直到职场的每一位成员都激情燃烧。

这一作业过程，我称之为"能量转移"。

事实上，我从年轻时开始，每当设定目标，追求目标实现时，我都会就该事业的前景、目标如何具体展开，乃至实现目标的社会意义，向部下彻底讲明白。话要讲到听者全部接受，我常常感觉精疲力尽。

这好比通过话语我的能量转移到了对方身上，我自己倒像空壳似的虚脱了。

在座诸位中，有人或许这么想："无论我怎么讲，部下没有一个人理解，都是些不可理喻的家伙。"对于这么想的人，请牢记下面的话：

不管领导人揭示了怎样的高目标，这目标越高越困难，就越无可能由一个人来完成。领导人满怀热情地向部下诉说事业的意义和实现目标的方法，将部下的士气提升到与自己相同的水平，只有这样，才能集聚全员的力量。只要做到这一点，那么，无论多么困难的目标都可能达成，成功就可能唾手可得。

部下接受工作指令，答一声："好，知道了！"如果部下的热情是这种程度，那么，事情成功的可能性约为30%。

如果部下用强有力的口吻说，"我们一定尽力干"，那么成功的可能性约为50%。

如果领导人将自己的能量注给部下，让他们感觉到"这是我们自己的事业"，那么这项工作就有90%的概率获得成功。

赤手空拳创建的京瓷，在所有的经营资源都缺乏的情况之下，接二连三地开发出新产品，谋划多元化，将公司发展到今天这个规模，就是京瓷的许多领导人接受了我转移过去的能量，燃起自身的热情，再将这种热情传递到整个公司，一次接一次不断实现高目标所带来的结果。

还有一点，为了实现已经设定的高目标，领导人必须具备坚强的"意志"。

在企业经营中，预料之外的课题和障碍会接踵而来。这时候，如果缺乏坚强的意志，就会以些许的环境变化为借口，很随意地放弃应该达成的目标。

我曾经将下面这句话作为京瓷的经营口号：

"以渗透到潜意识的、强烈而持久的愿望和热情，去实现自己设定的目标。"

我认为，这个口号表明，团队的领导人不管遭遇何种障碍，都要以坚定的意志朝着达成目标的方向奋勇前进，决不妥协，决不停顿。

然而，在经营者当中，有这样的人：当目标看来难以实现时，他们立即寻找理由和借口，将目标数字向下调整，甚至将目标全盘取消。

已经制订的经营计划，本来就意味着对员工、股东，以及社会做出了承诺。已经承诺的事，却有人毫不犹豫地以预期之外的经济环境和市场变动为理由，轻易地撤销计划，或将计划中的目标数字向下调整。我认为，应该立即撤换这种没有意志、盲目跟着环境转悠的经营者和领导人。

将经营去"凑合"无法预料的经济变动等外界状况的变化，而且，一时向下调整的目标，与接着到来的新的经济变动又不切合，这就不得不再次将目标向下调整。如果持续这么做，不仅目标变得有名无实,而且领导人自己也将丧失集团对他的信任。

同刚才所讲的一样,在座诸位中也许有人认为:"不管作为领导人的自己意志多么坚强,部下总是跟不上,所以只好把目标向下调整。"

那么,我想问一句:作为领导人,在部下面前,你的坚强的意志真的由态度和行动表达出来了吗?还是仅仅停留在口头上?

换句话说,我要问的是:作为领导人,你自己是不是"付出了不亚于任何人的努力",以至于让部下觉得"我们的头头那么拼命干,我也得助他一臂之力啊!"

京瓷创业后不久,我常常对员工们讲这样的话:"在工作上,我对大家的要求非常严格,但与此同时,无论是在时间的长度还是密度上,我工作的努力程度不亚于你们中的任何一位。"

在职场里最辛苦的就是这个职场的领导人。如果每位部下都目睹他努力工作的状态,那么部下们一定会追随这位领导人。朝着目标达成的方向,怀着坚强的意志,领导人发挥出献身的工作精神,那么不管处于何种严峻的环境之下,整个团队都能团结一致,朝着目标大步迈进。

"明确地描述目标并实现目标"——这是团队领导人最为重要的工作之一。

第三项资质:不断地挑战新事物

一部美国西部开拓史就是朝着未开发的土地,不断挑战困难的历史。我希望大家也能不断地向新课题挑战，开辟未知的领域，成为充满"开拓者精神"的领导人。

在经济环境急剧变动、技术革新飞速发展的今天，如果领导人缺乏独创性，缺乏挑战精神，不能把创造和挑战的精神贯彻到集团中去，那么集团的进步发展是难以指望的。甘于现状就意味着已经开始退步。

领导人害怕变革，失去挑战精神，集团就会步入衰退之路。

就是说，领导人不满足于现状，不断进行变革和创造，能不能做到这一点，将会决定集团的命运。这么讲并不过分。

大家都知道，GE 现在的年销售额为 1 473 亿美元，纯利润为 142 亿美元，员工超过 28 万人，是值得夸耀的世界屈指可数的大企业。应该说韦尔奇先生正是给 GE 带来当今繁荣的"中兴之祖"。

1981 年他 44 岁时出任 GE 总裁，他最初的举措就是向当时在 GE 蔓延的保守风气开战。

GE 属于爱迪生流派，是创建百年以上富于创新传统的公司，但是随着历史的变迁，挑战新事物的精神已经丧失，公司内充满着恐惧变革的气氛。韦尔奇对此抱有强烈的危机感，他积极开拓新事业，并开展了制度方面的改革。

2001 年韦尔奇来日本的时候，在东京，以他为中心举办了一个午餐会，参会者为数不多，我有幸应邀参加了。

在午餐会上，韦尔奇说："我从来没有思考过如何维持企业的生存，我的志向在于不断地变革。今日的 GE 与昨日的 GE 迥然不同。"

他说的是，只有在不断的变革中才能保证企业永续繁荣。

正如韦尔奇所说，**只有变革，只有不断地、反复地进行创造性的活动**，企业才能持续成长发展。

相反，只想维持现状，只是墨守成规，就会陷入官僚主义和形式主义的泥潭，企业就会衰落。而处于变革中心位置的就是企业的领导人。

这样的情况，不只限于具有历史传统的大企业，今天在座的各位朋友的企业里，你们经营者自己，以及各个部门的领导人，是否被过去老旧的做法所束缚，是否失去了向新事物挑战的气概，我希望你们再次予以确认。

例如：

有没有在各种形式主义的烦琐手续上花费过多的时间、精力，而影响了快速决策？

有没有忽视年轻人的力量，而使职场失去了活力？

有没有只知明哲保身、只看上司脸色行事的倾向？

有没有只考虑自己的部门，让本位主义蔓延的情况？

上述倾向哪怕只有一丁点儿，也必须立即纠正。领导人必须打破流于安逸的心态，创造一种组织风气——无论多么困难，也要不断挑战新的创造性的事物。

我希望大家务必像韦尔奇一样，不害怕变革，描绘出理想，为实现理想亲自站在第一线积极挑战。希望大家成为这样的领导人。

另外，为了向新事业挑战并取得成功，需要一种思维方式，就是"相信人的无限的可能性"。

自己持有的能力，不是在现在这个时点上把握，从现在开始，经历磨炼，这种能力会无限进步。要相信这一点。

仅仅根据自己现在的能力，判断"能"还是"不能"，就做不成任何新的事情。从现时点看，哪怕被认为根本不可能实现的高目标，在未来的某一时点上实现它，先做出这样的决定，然后不断提高自己现有的能力去实现目标。就是说，"能力要用将来进行时"，这一点非常重要。

得过"普利策奖"的美国新闻工作者大卫在他的著作《下一世纪》(*The Next Century*)中，有一章专门介绍我的事情。其中，他引用了我下面一句话：

"我们接着要做的事，又是人们认为我们肯定做不成的事。"

这句话体现了京瓷创业以来最宝贵的精神。

创业不久后的京瓷生产的产品"Ｕ字形绝缘体"，是用于电视机显像管里的绝缘零件。当时只有这一个产品。持续这样的单品生产，经营势必出现危机，因此需要开发新产品，谋求事业的多元化。但当时的京瓷没有这方面的技术积累。因此，只好在市场中闯荡，东奔西走，一边听取客户的需求，一边拼命获取订单。

然而，刚刚诞生的小公司，没有客户愿意给我们订单。最后能够成交的，都是别的公司拒绝和不能做的产品，或者是技术难度过高，价格上做不下来的。

就是这样的东西，说一声"我们能做"，就接下了订单。但是，没有设备，没有技术，没有人才。从"一无所有"的状态出发，全员共同努力，费尽心血，做出产品，如期交货。

一天接一天持续这样的挑战，京瓷成了这一领域的先驱者，不仅确立了精密陶瓷作为工业材料的重要地位，而且让它发展成为具有几万亿日元规模的产业领域。同时，还以培育精密陶瓷的技术为核心，开展多元化。现在，从材料到零部件、机器，以至服务，展开了一个广阔的宏大的事业。但在事业的根底下，起关键作用的思维方式，就是"能力要用将来进行时"。

　　还有一点，向着谁都认为不可能成功的新事物发起挑战，如果有勇无谋就会无果而终。为了避免这种情况，挑战的进程非常重要。作为领导人，我按照"乐观构想、悲观计划、乐观实行"的程序，在创造性的领域内推进工作。

　　从创业时起，我顺应客户的需求，在新产品开发和新市场开拓方面不断思考新的课题。当我的想法在某种程度上归纳以后，我就会召集公司的干部，征求他们的意见。

　　这时候，有的人眼睛闪闪发光，点头称是。但是，也有人不管我讲得如何热情洋溢，他们照样神情冷漠。后者往往是些名牌大学毕业的很聪明的人。我倾注热情，谆谆相告，期望大家都能点头赞成。但是有的时候，那些态度冷淡的人会突然发言，说我的构想如何缺乏根据，如何脱离实际，等等。

　　我只是就隐藏着很大可能性的新的商业项目，谈了大体上的构想，并没有仔细地验证推敲。因为其否定性意见，让我的热情和当场的气氛迅速冷却。这样一来，有可能开花结果的新商业的种子，未经发芽就告终了。这样的情形曾发生过几次。

　　聪明的人知识丰富但又一知半解，在遇到新课题时，总是在现有的常识范围内判断，得出否定性的结论。有过几次这样的经验之后，我在谈论新的构想时就不找那些头脑聪明的人商量，而是把那些愿意拥护我、能燃起热情、爽快率真的人聚集起来讨论商谈。

这种类型的人，对我谈的课题并无深入理解，却举双手赞成我的设想方案："那很有意思，我们干吧！"这样一来，我的心情格外舒畅，构想愈发拓展，梦想变得更为清晰。

我认为：**挑战新事物，并要获得成功，首先需要乐观地思考，这一点很重要。**

在成就新事业的过程中，可以预料会遭遇各种各样的困难。正因为如此，在构想的阶段，我们必须抱着梦想和希望，相信事情"能成"，否则就不会产生挑战的勇气。所以，首先要采取超乐观的态度，这点很重要。

但是，事情就这么一直乐观下去，必然招致失败。**在推敲具体计划的阶段，必须彻底地思考分析所有的条件，采取所谓"悲观"的态度。**为此，就要召集那些头脑聪明、思考冷静周密的人。

我谈了大体的构想以后，他会说"没有技术，没有设备"，接二连三举出各种不利条件。作为项目领导人，我会让他们列举出所有的负面要素，逐条思考解决的方法。这样来重新拟订详细周密的计划，并因此提高实现计划的可能性。

这样，把问题点都摆出来，反复进行模拟推敲，把计划做到完美无缺，然后，进入实行阶段。这时再换上乐观派的选手，以他们为主将计划向前推进。

在推进新事业的时候，往往会发生预料之外的障碍。这时，悲观失望，就无法把工作向前推进。

不管发生何种问题，坚信一定能够解决，倾注热情，一味向前，坚决推进计划，这种乐观型的人才，在实行阶段，非常需要。

不断向新事物发起挑战，才能保证企业的发展。

为此，就像刚才所讲，在构想阶段，能力要用将来进行时，总之要乐观；在制订计划时要彻底地冷静，就是采取悲观态度；而在实行阶段，又要乐观，相信事情一定成功。

必须有这样一个程序，而统率这一过程的就是企业的领导人。

在竞争激化、各个企业的独创性受到审视的今天，不断挑战新事物，并获得成功。这一条作为领导人的必要条件，今后将越来越重要。

第四项资质：获取众人的信任和尊敬

篷马车队由若干小组和家庭组成，在追求富裕的强烈愿望驱使之下，需要经过长达几个月的旅行向西部挺进。在他们的队伍中，有脾气暴躁的人，也有柔弱的女性和年幼的孩童。而篷马车队的队长需要具备向心力，这样才能把各色人等整合在一起，带领他们到达目的地。

在旅途中，篷马车队队长要保证大家的粮食和饮水，要分配合理。在时而发生的争执中要做好仲裁，还要照顾病人和受伤者。总之，车队在旅途中发生的所有事情，都要以大家能够接受的方式解决。

为此，**篷马车队的队长需要不断地做出公平公正的判断，需要获得众人的信任和尊敬，需要具备优秀的资质。**

同时，我认为，只有这样的队长才能统率篷马车队安全到达目的地。

有关领导人的这种资质，中国明代思想家吕新吾在其著作《呻吟语》中写道："深沉厚重是第一等资质。"就是说，作为领导人，最重要的资质是，具备时时深入思考事物本质的厚重性格。我认为，篷马车队的队长就是具备这种资质的领导人。

吕新吾还说，"聪明才辩是第三等资质。"这是说，"头脑聪明，能言善辩"不过是第三等资质。

然而在现代，无论是东方还是西方，只具备吕新吾所说的第三等资质，即聪明才辩的人被选为领导人的现象非常普遍。这样的人才，用好他们的能力，也能够对组织做出贡献。但是，他们未必能赢得部下和客户的信任与尊敬，未必能成为真正的领导人。

有时候，一个组织发生内斗，融洽的关系瓦解。集团内部这种不协调的背景，就是因为起用的领导人只具备第三等的资质。一个组织要健康地成长发展，集团内部的协调融洽必不可少。为此，吕新吾所说的具备第一等资质、能得到众人信任和尊敬的领导人必不可缺。

优秀的领导人需要具备的资质，具体来讲有哪些呢？我想谈一谈这些资质。

首先，像前面所提到的，领导人必须"公正"。

领导人需要对左右集团命运的重大问题做出判断。

在这种情况下,对领导人来说,最重要的就是公正。而妨碍公正的因素,就是个人利益优先的利己心或叫私心。只要夹杂哪怕稍许的私心,判断就会暧昧,决断就会走向错误的方向。

明治维新揭开了日本近代化的大幕,这场革命的功臣西乡隆盛,针对"私心"带来的弊害,曾有以下论述:

"爱己者,不善之最也。修业无果,事业不成,过而不改,功而生骄,皆因爱己起,故决不可爱己偏私也。"

就是说,"只爱自己,只要对自己有利就好,对别人如何不予考虑,这种利己的思想,是做人的大忌。治学不精,事业无成,有过不改,居功骄傲,所有这些都由爱己过度而生,所以利己的事决不可为。"

我也认为,领导人要对各种事情做出判断,而这种判断又将决定集团的命运。因此,夹杂私心的利己主义者当领导人最不称职。将自己的利益放在首位的领导人的行为,不仅会极大地降低现场的士气,而且会让整个组织道德堕落。

越是地位高的人越会看重自己,这是普遍的情形。然而,领导人越伟大越应该率先做出自我牺牲。不能把自己的事情搁一边,没有勇气接受让自己吃亏的事情,我认为这样的人没有资格当领导人。

作为领导人被要求具备的另一种资质就是"勇气"。

领导人以公正的姿态做出了正确的判断,为了将这种判断付诸实行,就必须具备"勇气"。因为即使是正确的判断,也未必能让所有的人全都赞同。因这种判断而蒙受损害的人会唱反调。**即使在这种情况下，领导人也必须果断地遵循正确的判断，将正确的事情以正确的方式坚决地贯彻下去。**

不畏惧任何困难，堂堂正正地将自己认为正确的事情贯彻到底。要做到这一点，就必须具备真正的"勇气"。

领导人缺乏勇气，不敢正视严峻的现实，妥协退让、胆小怕事、优柔寡断等，都是不可容忍的。这样的领导人会丧失来自团队的信任和尊敬。

要当领导人，必须具备克服一切困难障碍、把正确的事情以正确的方式贯彻到底的"勇气"和"信念"，朝着实现目标的方向大步迈进。

还有，领导人必须"谦虚"。

特别是有能力、有业绩的优秀领导人，我更希望他们将"谦虚"这项资质学到手。人往往一旦获得成功，就会过分相信自己，认为成功是由于自己能力比别人强，因而傲慢起来，以至于忘记了应该感谢周围的人，放松了努力。

傲慢的领导人可能取得一时的成功，但他的成功绝不可能长期持续。这一点从中国几千年的历史中可以看得一清二楚。曾有多少英雄豪杰争相崛起，而一旦成功，他们就忘乎所以，忘却谦虚，傲慢不逊，因而从顶峰坠落。

鉴于这样的教训，**我曾经三次把"要谦虚，不要骄傲，要更加努力"作为京瓷的经营口号。**

当时，京瓷获得了飞跃性的发展，作为经营者，我自己也受到了来自社会各方的很高评价。我觉得，越是这样的大好时机，越不能忘记谦虚，不能骄傲自满，不能懈怠努力。提出这样的口号，一方面是诫勉我自己，另一方面是让干部员工懂得"谦虚"多么重要，让他们更深切地理解，只有再接再厉、加倍努力才能保证企业今后的发展。

在各种场合中我反复强调这种观点，而员工们也接受了，响应了，因而京瓷后来没有骄傲自大，全体员工共同做出了无止境的努力。我想正因为如此，才有了京瓷今日的成就。

我期望，在座各位，你们即使获得了成功，也绝对不能忘却"谦虚"，要抱着对周围人们的关爱和感谢之心，加倍努力。只有这样的领导人才能打造永续成长发展的团队。

还有一条，**领导人应该始终保持"乐观开朗"的态度**。充满梦想和希望，保持乐观向上的态度，在团队内营造开朗的气氛，这也是领导人的一项重要工作。

一旦从事经营，困难的课题就会接二连三地发生。但是局面越是艰难，越是不能失去梦想和希望。

一方面是"无论如何也必须苦干"的坚强决心，另一方面是"不管怎样，自己的未来一定光明灿烂"的必胜信念。

人生中保持乐观开朗的态度非常重要。

对处于逆境中心的当事人来说，要做到这一点也许极为困难。但即使是强迫，也要让自己那么去想。同时，作为领导人，向部下灌输这些正面的思想，做出比过去更大的努力，这很重要。乐观向上的态度，一心一意的努力，毫无疑义，必然会获得回报。

不管现在处于何种逆境，自己的将来一定充满光明。持有这种心态，不仅是作为领导人的必要条件，而且是人生成功的铁则，是人们生存的智慧。

第五项资质：抱有关爱之心

我认为，领导人必须发挥出强有力的领导作用，而在他的心底，又必须抱有亲切的"关爱之心"。

换种说法，可以用基督的"爱"和佛陀的"慈悲"来比喻。领导人必须持有一颗对别人充满关爱的善良之心。

祈愿部下及其家族都能过上幸福的生活，祈愿交易商、客户、地区社会，以及自己周围所有的人生活幸福。抱着这种深沉的爱去工作，去做事业，就能得到周围人们的协助，甚至获得天助，这样事业一定能顺利进展。

我坚信，一颗亲切的关爱之心，才是领导人应该具备的最根本的资质。只有具备这一条，才能引导集团走上永久的幸福之路。

换句话说，集团的领导人归根结底要在心中怀有大爱、深爱，在此基础上采取行动。经营企业绝不能依靠强权，不能让部下恐惧畏缩。

就是说，领导人绝不能只考虑自己，绝不能充当"利己的独裁者"，什么事情都凭自己的好恶做决定。这种独裁专断的领导方式必然招致集团内部的恐惧和疑惑、憎恶和反感，最终导致集团的崩溃。

但是，如果领导人一味迁就部下的意见，容忍个人贪图轻松安逸的倾向，那么集团的纪律就会松弛，陷于功能不全的泥沼。

从这个意义上说，必须认真思考"真正的领导力究竟是什么"。

领导人必须具备使命感，具备强烈的意志和信念，具备真正的勇气，对集团进行严格的指导，统率集团向前奋进。

但另一方面，领导人又不能自以为是，要经常倾听集团成员的意见，汇集众人的智慧，思考不是对于自己而是对于集团而言，什么是最好的方法，由此做出判断。

这两个方面必须平衡，不能偏向任何一方。

真正要管好一个组织，只强调发挥强有力的领导作用，或者只强调尊重部下的意见，都是片面不可行的。

总之，为了实现目标，必须发挥强有力的领导作用。但仅仅这样还不够，领导人应该抱有一颗温暖的关爱之心，要了解团队人员的想法，努力把团队引向既定的目的地，这就是对领导人的要求。

斗胆用一句话讲，真正的领导人应该是"以爱为根基的反映民意的独裁者"。

我认为，将篷马车队安全带到西部的队长，就是这种充满关爱之心，在尊重大家意见的同时，能按照具体情况，果断决策，发挥出卓越领导能力的人。

而且，只有这样的领导人，才是在混沌纷乱的时代开辟生路、带领集团成长发展的真正领导人。

今天，我以"领导人的资质"为题，逐条对照奠定了美国发展基石的篷马车队队长，给大家讲述了"理想的领导人应有的形象"。

聚集在这里的各位朋友，我想你们都是企业经营者或各部门的负责人，都取得了优秀的工作业绩。如果你们认真理解我今天所讲的内容，并努力实践的话，就一定能够提升你们组织的向心力，引导团队取得更大的发展。

像篷马车队队长开辟了美国历史崭新的地平线一样，我希望在座各位，作为中国经济社会的旗手，发挥出真正的领导能力，为代表中国的大都市之一——重庆——的进一步发展，为不断发展的经济大国中国的进一步成长，做出更大的贡献。

企业统治的要诀
——在稻盛和夫经营哲学成都报告会上的讲话

在成都盛和塾各位塾生的大力帮助支持下，稻盛和夫（北京）管理顾问有限公司主办的"2013稻盛和夫经营哲学成都报告会"，有这么多中国企业家参与，还有不少日本盛和塾的塾生到会。在此，我表示诚挚的感谢。在这个系列的经营哲学报告会上，我想系统地阐述自己经营企业的思想和方法。这是在半个世纪的经营实践中，我体悟和归纳出的经营真谛。这样的报告会从2010年就开始了。

从北京讲"经营为什么需要哲学"开始，在青岛讲了"经营十二条"，在广州讲了"阿米巴经营"，在大连讲了"京瓷会计学"，去年在重庆讲了"领导人的资质"。

通过这些讲演，我论述了在企业经营中哲学的重要性、企业经营的原理原则、经营管理的思维方式和结构模式，还阐明了在企业经营中领导人应该发挥的作用。在这一系列的讲演之后，今天我想以"企业统治的要诀"为题，来谈一谈在管理企业、治理企业的时候，经营者应该怎样来激励企业的员工。

为什么要讲这个题目？因为不仅小企业向大企业发展首先要

面临如何激励员工的问题,已经变大的企业要继续成长,这个问题也不可忽视。

如何激发员工的热情是企业经营中永恒的命题。

作为经营者,要让员工爱戴你,甚至迷恋你

根据中国工商行政管理总局公布的资料,中国大约有半数企业在创业后 5 年内消失。而民营企业的平均寿命只有 3.7 年,生存期限极为短暂。由此可见,要让企业长期持续发展绝对不是一件容易的事情。

今天在场的各位当中,有员工人数只有几十人的小公司,也有拥有数千名员工的大企业,有各种规模的企业的经营者到场。我可以推测,各位企业家共同的烦恼就是:

怎样激励员工,把企业变成热情燃烧的团队,促使公司持续成长发展。

京瓷在创建之初不过是一个很小的所谓零细企业,结果发展到了今天这个规模。我想在介绍我的实践经验的同时,讲一讲经营者究竟应该怎样同员工打交道。

企业经营最初级的形态,就是经营者自己单枪匹马,或者与夫人一起创业,开个家庭作坊或个体商店。但是靠这种形式,不管个人多么勤奋,拓展的空间仍然有限。想要扩大事业规模,就不能不雇用员工,哪怕是招聘一两名员工,与他们一起工作,谋求企业的成长发展。

在聘用员工时,作为雇主,经营者会开出条件,比如月薪

是多少。应聘者如果接受，就会同意在这种条件下提供自己的劳动力。

这是由签订雇用合同形成的一种买卖性的劳资关系。双方本来就不是合作经营的伙伴。

但是，经营者个人再努力也有限度，特别是小企业。经营者如果没有可以依靠的人，就必须把身边仅有的几位员工当作共同经营的伙伴。让他们与自己想法一致，努力工作，支撑事业的发展。一定要让他们和自己同心同德、同甘共苦，成为共同经营的合作伙伴。

员工是一名也好，两名也罢，从录用那一刻起，就要把他当作共同经营的伙伴迎入公司。并对他说："我就依靠你了！"而且平时就要用这种诚恳的态度对待他们。

这么做的话，员工会小看我吧！无意间我们常会这么去想，但这种想法是不对的。

从正面对员工直言相告"我要依靠你"，这样一种态度才是构筑公司内部正确的人际关系的第一步。

"各位员工，让我们齐心协力把公司发展起来，请大家从各个方面来帮助我。我把大家当兄弟，当父子，与大家一起工作。你们不要把自己仅仅当作工薪族、打工者。让我们以这种心态共同奋斗吧！"

这些话必须当面对员工讲清楚。

首先是"我要依靠你"这一句话，接着是经营者把员工当作共同经营的伙伴这样一种姿态。只要这么做，就能够点燃员工的热情。特别是对于小企业来说，做到这一点非常重要。

我在创立京瓷后不久,就利用各种机会,敞开胸怀,积极地向员工们讲述自己的想法,讲述公司将如何发展。这么做,就是因为我把员工当作了共同经营的伙伴。既然是我的经营伙伴,就必须让他们理解我的想法。

同时,也正因为我把员工当伙伴,员工们才会认真地、用心地倾听我的讲话。"这样的社长,我甘愿追随。虽然公司的待遇并不高,但这个人我跟定了,我愿意一辈子跟他走。"为了让员工们萌生这样的心情,为了在企业里构建如此牢固的人际关系,我殚精竭虑,拼命努力。

待遇确实不高,工作还很艰苦,但是强烈地感受到社长对我的期盼。"单论条件,还有更好的公司可去。但与其跳槽,不如在这里加油,尽管这是一个不起眼的小公司。"必须努力让员工们产生这样的想法。

"既然社长这么说了,我就得全力去协助他!"要让员工发自内心说出这样的话,建立与员工心心相连的关系。小企业要发展,首先要做到这一条。

诸位经营者,你们给员工发工资、发奖金,但是你们必须超越与员工的这种金钱上的利害关系。无论何种情况,员工都甘心情愿追随你们,必须在企业里建立起这种关系。否则,公司绝对不可能顺利发展。

心心相通的关系,具备"一体感"、想法一致的公司,致力于构建这样的组织,这就是企业统治的第一步。

尽管我们努力去构筑这样的关系,但有时我们信任的员工仍然会辞职离去。这是最让经营者感觉悲哀的事。"这个人是可用之才!"正当你信任他、期待他,并委以重任的时候,他却轻易地辞职而去了。

发生这样的事,甚至会让社长产生自我否定的感觉。"这家伙大有可为,今后或许能成为公司的台柱。"当你看重他,用心栽培他的时候,他却瞧不起公司,嫌弃而去。对于每天全力以赴、认真工作的经营者而言,这是最寂寞、最苦闷、最无奈的事了。

为了不发生这种令人痛苦的事,必须意识到要与员工维系牢固的心灵的纽带,要与他们建立发自内心的、令人感动的、心心相连的人际关系,为此,经营者一定要千方百计、努力再努力。

有一件事,让我再次痛感与员工建立这样的关系有多么重要。那是我从零开始创建的又一家企业——第二电电,当它成为新生的KDDI后五周年的时候。

当时有四五位从KDDI退休的经营干部相约,招待我们夫妇俩一起外出旅行。他们在京瓷幼小时期就进了公司,勤奋工作,后来又被派到KDDI,对京瓷和KDDI的发展都是有功之人。

行程安排是一起打高尔夫球后在旅馆住一宿,晚上举办谢恩会。

我接受邀请,大家一边喝酒,一边推心置腹,深入交谈。我说道:"当初的京瓷只是京都的一家小企业,毫无名气。那时的大学毕业生是不肯进京瓷这种小型企业的,除非他们别无去处。但是,你们进来了。所谓'破锅配破盖',也算门当户对吧。当时聚集到京瓷门下的,都是资质平庸的人。就靠着大家拼命努力,才有了京瓷的今天。"

我说到这里,他们就说,当时亲戚朋友都着实为他们担心:

"什么京都陶瓷公司,从来没听说过。这公司可靠吗?还是找一家靠谱一点的企业吧。"

但是,接着他们却这么说:"不错,我们对未来很担忧,但在见到稻盛以后,心里就冒出一个念头——如果是这个人的话,我们甘愿追随,无怨无悔。就凭这一信念,我们一直努力奋斗,直到现在。"

如今,他们都拥有了相当的资产。在京瓷上市前,我把京瓷的股票按面额分给他们。一旦变现,他们都将成为大资产家。所以他们说道:"我今年已经65岁了,和老婆、孩子过得悠然自得,感觉很幸福。正因为遇到了你,才有了我的今天。"大家都为在京瓷度过的这段人生由衷地高兴。

可我说:"不过啊,了不起的是你们。来到京瓷这个破公司,信任我这个没有经营经验、没有工作业绩、才30出头的青年人,任劳任怨、心无旁骛,一直跟随我,才有了今天。这不是我给的恩赐,是你们自己奋斗的结果。"

他们说:"不!我们真的很幸运。当时,我们有些同学进了好公司,一时很得意,神气活现,可如今好比落败的公鸡,蛮可怜的。一开同学会,他们就很羡慕地说:'你这家伙好运气!运气好!'无论碰到谁,都赞叹我们的人生幸福美满。"

"但其实,我们从年轻时开始,一心相信稻盛,拼命工作,夜里睡眠不足,假日很少休息,跟着稻盛打拼,才有了今天的幸福生活。"

他们说这样的话来感谢我。创业不久,进入还是小企业的京瓷,随即辞职的人很多。当时留下来并坚持到退休的这些人,前后经过40年，还特意为我开谢恩会，说了这些情深意切的话。

就是要培育这样的员工。诸位经营者，你们必须在公司内构建这样的人际关系。爱戴你这个社长，迷恋你，去哪里都愿追随你，要培养这样的员工。在这种心心相连的人际关系的基础之上，加快企业发展，让员工获得幸福。

这就是各位经营者的要务。

全方位信任，无条件追随，这就是员工们爱戴你这位社长。

诸位社长，你们必须要让员工们发自内心地爱戴你、钦佩你。

那么，要获得员工们的爱戴，该怎么做才好呢？

很简单。如果你只爱自己，那么谁也不会爱你。

忘却自我，乐于自我牺牲，优先考虑员工。

只要你这么做，员工就会爱戴你。

所谓让员工爱戴，换句话说，就是要让员工迷恋你，为你的魅力所倾倒。迷恋这个词似乎不好听。总之，要把员工当成自己共同的经营伙伴。

为此，经营者必须自我牺牲。

所谓自我牺牲，首先是经营者在工作中必须比所有的员工更努力、更拼命。

同时，下班以后，主动自掏腰包来犒劳员工，体现出对部下的关爱和体谅，钱少点也没关系。用这样的自我牺牲来打动员工的心。

领导者要向全体员工阐述工作的意义

当然，仅做这些还不够。

在京瓷的创始期，**我不仅在感情上打动员工的心，而且诉诸理性，努力用道理来说服员工，激发他们的积极性和主动性。**

那就是讲述"工作的意义"。这对中小企业的员工而言，可以起到很大的激励作用。创业时期的京瓷就是这么做的。

现在的京瓷，是精密陶瓷行业首屈一指的企业，被称为拥有尖端技术的高科技企业。但在精密陶瓷的制造现场，却与高科技的形象有落差。特别是在京瓷创业初期，连厂房都是借来的老旧木房，根本感觉不到高新技术企业的氛围。

精密陶瓷所用原料是极细颗粒的金属氧化物。原料的调配工序、用冲压机压制的成型工序，还有将烧结后的产品加工到符合尺寸精度的研磨工序，工作现场全是粉尘飞扬。

还有，在成型产品的烧制工序中，温度高达一千几百度。当温度超过 1 700 度时，火焰不是红色，而是一片白光，如果不戴作业专用的眼镜，连炉内也无法窥视。因为温度太高，在夏季，劳动环境异常恶劣。

就是说，虽然是制造精密陶瓷，但实际上是非常枯燥、非常辛苦的劳作。所以招进的员工一上岗，马上就满身粉尘、汗流浃背。员工们一点也感觉不到这是高科技的活儿，体会不到工作的意义。

我最初工作的企业松风工业是一家制造绝缘瓷瓶的公司，当时进厂的一批人，后来同我一起创建了京瓷。当时我就觉得一定要想办法提高他们对工作的热情，提升并维持他们对工作的主动性、积极性。

为此，我采用的办法就是向他们讲述工作的意义。在晚间工作结束之后，我经常把他们召集在一起，讲下面一番话："大家日复一日，揉粉、成型、烧制、研磨，或许大家觉得这是又单调又无趣的工作，但绝非如此。"

"现在大家手头的研究，具有学术上的价值。无论是东京大学的教授、京都大学的教授，还是从事无机化学研究的专家们，至今没有一个人在着手进行这种氧化物烧结的实用性研究。我们现在是在研究最尖端的技术，我们的工作意义重大。"

"还有，我们现在所做的课题，全世界也只有一两家公司在做，堪称全世界最先进的研究开发。这种研发一旦成功，我们的产品将被广泛使用，将对人们的生活做出巨大贡献。而这个社会意义重大的研发工作成功还是失败，完全取决于你们，取决于你们每天的工作。拜托你们了！"

这样内容的话，我每天晚上都会对员工们讲。如果只是简单地下指示——"在乳钵中将这些粉末和那些粉末研磨混合"，那么员工们产生不了任何工作热情。所以，我总是谆谆告诫他们"混合粉末"这一行为中蕴含了多么重要的意义。

当时还是20世纪50年代中期，第二次世界大战刚过去10年，又逢严重的经济萧条，日本还很穷困，找工作也很困难。高中毕业后，好歹进家公司，只要每个月能领到薪水就满足了。当时几乎所有人都这么想。

但是，当他们发现了自己的工作中所包含的意义，他们就会热情高涨，最大限度地发挥出自身的潜力。我就是这么想的，所以在工作结束后，每天晚上我都把他们聚集起来，不厌其烦，向他们诉说工作的意义。

领导者要向员工揭示企业的愿景目标

向员工阐述工作的意义,加上我开始时讲的乐于自我牺牲,这两条发挥了很大的作用,员工们因此爱戴我这个经营者。在这基础之上,为了进一步提高员工的积极性,鼓足他们的干劲,我采取的措施就是揭示企业的愿景目标,也就是 vision。

从京瓷还是中小企业的阶段开始,我就一直向员工们诉说自己的梦想。

"我们生产的特殊陶瓷,对于全世界电子产业的发展必不可缺,让我们向全世界供货吧!"

我接着向他们说:"如果能做到这一点,那么,虽然起步时,我们是一个毫不起眼的街道工厂,但我想把它变为西京原町第一;成为西京原町第一后,就要成为中京区第一;成为中京区第一后,就要成为京都第一;成为京都第一后,就要成为日本第一;成为日本第一后,就要成为世界第一。"

京瓷在京都市中京区西京原町创立,所以先说"西京原町第一"。虽然那时的京瓷还只是借他人厂房的一角,员工只有几十人,年销售额不足一亿日元的小企业,但从那时起,我就不断向员工们鼓吹"要立志成为日本第一、世界第一的企业"。

但是,实际上,从最近的市营电车站到公司这一段短短的距离中,就有一家大型企业——京都机械工具公司。从早到晚,"当!当!"的冲压机器声响个不停,一派生气蓬勃的景象。这家企业生产维修汽车用的扳手、钳子等车载工具。而我们借人家的木结构仓库,跌跌撞撞,刚刚投产,不过是一个才起步的小企业。

因此，嘴上说要成为西京原町第一，但员工听的时候脸上的表情是："要做到比上班路上的那家大型企业还要大，怎么可能呢？"就连说豪言壮语的我自己，当初脱口而出，说这话的时候，也没相信真的能做到。

更不用说"中京区第一"。中京区有一家上市企业岛津制作所，后来这家企业还有人得了诺贝尔奖。这家企业是世界分析仪器制造商中非常出名的公司。要成为中京区第一，就必须超越岛津制作所。这简直是根本不可能的事！

尽管如此，我依然不知疲倦地、不厌其烦地向员工们诉说梦想：

"要成为中京区第一、京都第一、日本第一、世界第一。"

于是，起初半信半疑的员工们不知从何时起就相信了我所诉说的梦想，并且为实现这一梦想齐心合力、努力奋斗。而我自己也逐渐将这一梦想变成了确实的目标。

其结果，京瓷在精密陶瓷领域超越了原本领先的巨型企业，成长为世界第一的公司。同时，展开了多项事业，成长为年销售额超过1万亿日元的企业。

聚集在企业里的人们，是不是具备共同的梦想、共同的愿望，企业成长的能力将大相径庭。企业的全体员工共同拥有美好的愿景、远大的目标，大家都具备"非如此不可"的强烈愿望，那么，强大的意志力量就能发挥出来，组织就会产生巨大的能量，朝着梦想实现的方向前进，越过一切障碍。

实现梦想、实现愿望的力量源泉就是"愿景和目标"。

"要把公司做成这种理想的模样!"描绘这样的愿景,与员工共同拥有这样的愿景,把他们的积极性最大限度地调动起来,就能成为推动企业发展的巨大的力量。

明确公司的使命,并与全体员工共有

再进一步,为了维持员工的热情,保持他们的积极性,让他们不动摇,不松劲,就需要"mission",换句话说,就是明确公司的使命,并与全体员工共同拥有这一使命。

让我理解这个"mission",也就是明白京瓷公司使命的契机,是公司设立后第三年发生的员工的反叛事件,当时京瓷还是一个很小的企业。

公司创立第二年录用的10余名员工,经过一年的工作磨炼,已经成了生力军。我查了当时的笔记,时间是创业后第三年——1961年4月29日,正好是昭和天皇的生日,属于节假日。但那天也许是节假日出勤吧,突然,这10余名员工来到了我的面前。

"奖金至少要多少,工资涨幅每年至少要多少,你要给我们承诺。进厂时,原以为是一家不错的公司,谁知道是个刚刚成立的、弱不禁风的小企业,我们心里非常不安。作为经营者,你要给我们一个保证,否则我们集体辞职,我们已经做好准备。"他们这样逼迫我。

我对他们说:"保证工资奖金的涨幅,做这样的承诺是不可能的。"我解释了当时公司的处境和现实的状况,但说不服他们。谈了三天三夜,我还把他们带到了自己家里。最后我说:

"虽然对将来的事情无法做出保证，但我一定会把企业办成让你们高兴的好公司。请你们相信我。"这样总算把事态平息了。

其实，京瓷创业之初，我把创业目的定位在：

"让稻盛和夫的技术问世。"

而一部分员工却不认同，"工资怎么升，奖金怎么加"，他们来要求待遇上的保障。这让我愕然。

当时，我鹿儿岛的老家仍然十分贫困。我是家里七兄妹中的老二，父母兄弟节衣缩食，好不容易才让我上了大学。所以，我参加工作以后，想着多少都要给家里一点经济上的支持。虽然少得可怜，但我还是每个月都给家里寄钱。

对家里的亲人尚且照顾不及，那些与我无亲无故的旁人，却向我提出要保障他们现在乃至将来的生活。这让我非常困惑。

"早知如此，就不该创业，当个工薪族，进一家公司，把自己的技术发扬光大，那不是更好吗？"说实话，我当时真这么想。

然而，再三思考以后，我终于想明白了：让员工生活幸福，这才是企业存在的目的。于是，从"追求全体员工物质和精神两方面的幸福"开始，我一鼓作气，定下了京瓷公司的经营理念。

毅然抛弃自己作为技术人员的理想，当时只有60名员工，我决定把"追求全体员工物质和精神两方面的幸福"作为企业经营的目的。

同时，作为社会的公器，企业还应该承担社会责任，所以，我又加上"为人类社会的进步发展做出贡献"这一条。这样就制定了京瓷的经营理念。

确立了这一经营理念，我就向全体员工宣布："京瓷公司今后就把这个理念中倡导的宗旨作为经营的目的。"

这一经营理念的确定,对于激发员工的热情,调动员工的积极性,发挥了巨大的作用。

如果把京瓷作为稻盛和夫技术问世的场所,我自己当然会意气风发,全力以赴投入研究,接连不断地开发出新的产品。但从员工的角度,他们一定会想,"让我们拼命工作,目的不过是推广稻盛和夫的技术,让稻盛和夫名扬天下。"

还有,如果公司发展顺利,员工们只会想,那不过是增加了稻盛和夫的个人资产。因此,如果企业的目的,仅仅归结到实现某个人的私利私欲,那么,点燃员工的热情、调动员工的积极性是不可能的。

当初,在制定这一经营理念的时候,我还没有意识到这个理念中所蕴含的"大义名分"。但现在回头来看,在这个朴素的理念中包含着了不起的"大义"。所谓"大义",在辞典中的定义是:"人应该奉行的重大的道义。"如果是这样,"大义"就必须是脱离"私"、追求"公"的行为。

而"实现全体员工物质和精神两方面的幸福"这样的企业目的,就超越了经营者个人的私利私欲,为了员工,这就体现了"公",这正是"大义"之所在。"大义"这个东西具有鼓动人心的巨大力量。

虽然不是"实现世界和平"那么宏大的目的,但是,让汇集到企业来的员工都获得幸福,这样的企业目的,就能让全体员工从内心产生共鸣,就可能为大家所共有。

另外,因为这个目的让人问心无愧,毫无歉疚,所以,作为经营者,我可以堂堂正正、毫不踌躇,全力投入经营。

这一理念构筑了京瓷企业文化的基础,造就了今日的京瓷。具备全体员工能够共有的、可以提升员工士气、调动员工积极性的光明正大的企业目的,这是企业统治中最重要的事情。

第二电电(现KDDI)的创业成功,道理也一样。当时,年销售额不足2 000亿日元的京瓷向年销售额超过4万亿日元的巨型企业日本电电公社(即现在的NTT)发起了挑战。第二电电成长发展为今天的KDDI,正是因为它的创业动机是建立在大义的基础之上。

当通信事业允许市场自由竞争时,我希望有日本的大企业组建新公司来对抗电电公社,通过竞争降低通信费用。但因为畏惧庞然大物NTT,谁也不敢出面挑战。

这样下去,NTT将继续维持它的垄断地位,或者只会出现形式上的竞争企业。那么,当信息化社会到来的时候,因为通信费居高不下,日本必将落后于时代。对此,我十分担忧。在这种情况下,风险企业京瓷毅然举手,挺身而出,挑战NTT。

创建第二电电,归根结底乃是出于"为国民降低通信费"这一纯粹的动机,就是说,出于大义名分才创立了第二电电这个企业。

因此,我召集第二电电的员工们,鼓励他们:

"让我们努力降低国民的通信费用。能够参与如此伟大的事业,我们的人生一定会变得更有意义。这是百年不遇的机会,在这项宏大的社会改革开始的瞬间,我们有幸亲临现场,我们应该表示感谢。让我们努力奋斗,成就这项伟大的事业吧!"

另一方面，在京瓷之后举手参与的国铁公司认为："自己拥有铁路通信的技术，有通信方面的技术人员，在东京、名古屋、大阪之间铺设通信干线，只要在属于自己公司管理之下的新干线的侧沟中安放光缆就行。另外，与国铁有交易的企业很多，以它们为中心，很容易获得大批的顾客。与以京瓷为主体的第二电电相比，在所有的方面国铁公司都具备优势。"于是，他们设立了日本电信公司。

还有，以日本道路公团及丰田汽车为主体的日本高速通信公司也应运而生。旧建设厅是他们的后盾，他们也可以沿着东京、名古屋、大阪之间的高速公路铺设光缆，简单地完成基础设施，还可以利用丰田公司具备的强大销售能力。

也就是说，除了第二电电之外的这两家公司，它们开展通信事业，并不是出于大义名分，而是基于利害得失。

这三家公司在市场上展开了激烈的竞争。结果，国铁卖掉了日本电信公司，而道路公团及丰田创建的日本高速通信，被现在的 KDDI 合并收购了。如今，在新电电的三家公司中，只剩下了从第二电电发展而来的 KDDI，它已经成长为仅次于 NTT 的综合电子通信运营商。

有技术，有资金，有信用，又有销售能力，一切条件全都齐备的企业失败了；而只具备大义名分，没有资金，没有技术，什么都没有的第二电电却成功了。我认为，这证明了一个道理：确立具备大义名分的企业目的，对于推进事业而言有多么重要。

再举一个例子。京瓷长期来从事的太阳能事业也是一样。现在，全世界太阳能市场迅速扩展，大规模太阳能发电站计划争先恐后涌现出来。各国的生产商纷纷进军光伏事业，市场竞争空前激烈。

但是，在30多年以前，京瓷作为全世界太阳能事业的先驱，就已经开始开发和批量生产太阳能电池。当时，在日本有一个普及太阳能发电的团体，叫"太阳光发电协会"。我出任第一代会长，这个职务做了12年，为黎明时期太阳能电池的普及和启蒙付出了努力。

近年来，各国开始建立补贴制度，太阳能发电事业终于开始步入轨道，许多企业一拥而入。而京瓷却是从很久以前就开始了艰难的尝试，历尽辛酸，创立了太阳能事业，站在行业的前列，开拓前进。

在日本太阳光发电协会成立20周年的纪念庆典上，作为在日本推进太阳能事业的先驱，我应邀发表讲演。在数百名行业同行、专家学者面前，我说道：

"现在，随着时代潮流的变迁，太阳能发电事业获得了长足的发展，这是可喜的事情。但如果只靠赶潮流来开展事业，不可能持久。为什么要开展太阳能发电事业？具备大义名分是非常重要的。"

我讲了上述这番话。所谓太阳能发电事业的大义名分，就是：要为解决能源问题和地球环境问题做出贡献。

在不久的将来，地球上的石油和天然气资源将会枯竭。此时此刻不削减石化燃料的使用量，不降低温室气体的排放量，就无法阻止地球暖化的趋势。就是说，为了确保人类所必需的能源，保护重要的地球环境，谋求人类的可持续发展，我们京瓷才历时多年，悉心培育太阳能发电事业。正因为有这样的大义名分，我们才能在连年赤字的状况下，始终不离不弃，以执着的信念和坚强的意志不断推进这一事业。直到近年，才终于迎来了太阳能事业的春天。

在京瓷的干部们汇聚一堂的会场上，我曾经讲过："京瓷所有的部门都应该揭示自己部门的大义名分。"我对他们说，京瓷这个企业，刚才讲到，有大义名分，有"追求全体员工物质和精神两方面的幸福"的经营理念。同样，各位干部，你们在各自负责的事业部门也应该树立大义名分。这样的话，你们的部下就会觉得"为了实现如此崇高的目的，为了这项事业的发展，哪怕粉身碎骨，我们也在所不辞"。这样，他们就会发挥自己的积极性和创造性，主动把事情办好。

另外，在广州的报告会上我说过，在京瓷每个月召开的业绩报告会上，根据阿米巴经营，要算出每个人每小时产生的附加价值。看着"单位时间核算表"，我有时会进行严厉的批评："本月的单位时间附加值不好啊！你们到底怎么工作的？"

但是，我并不是仅仅追究核算数字不好的责任，而是告诫他们："这个事业具有大义名分，所以投了资，想要为社会做贡献。但这么差的业绩，不可能让事业发展，也不可能对社会做出贡献。要彻底查明亏损的原因，尽快想出办法扭亏为盈。就是说，必须实现事业的目的。"

如果公司领导人只会怒斥事业部长"单位时间附加价值太低，核算数字太糟糕"，事业部长鹦鹉学舌，再去指责自己部门的员工，那么，任何人都不会从内心产生必须提升业绩的想法，结果业绩也就无从改善。但我可以这么说："我严厉批评你，不是为了追求利润。但为了实现这项事业的大义名分，利润是必要的，必须促进这项事业的成长发展。正因为如此，我才不能容忍业绩低下，我才会进行严厉的批评。"这么一讲，员工的心态、员工的积极性就会完全不同。

京瓷的事业部长和各个阿米巴长都相当于中小企业的经营者。我在年轻时，也就是京瓷在中小企业阶段时，就思考了企业目的，思考了大义名分。希望你们同我一样，也要树立崇高的大义名分，敢于宣告："这项事业很有意义，我愿意毕生为之奋斗。"

在这样的大义名分之下，员工也会从心底产生共鸣，主动请战："这么有意义的事业，务必让我也来分担。"我们一定要营造这样的组织氛围。

京瓷的销售额超过了1万亿日元，事业实现了多元化，今后，为了防止组织僵化，防止墨守成规，为了企业的持续发展，各个事业部门必须充满活力。为此，每一项事业都有必要揭示大义名分。我在京瓷内部这样强调。

今天在座的各位也是一样。在座的中国企业家朋友，我想，你们大部分都是自己创业，在第一代就取得了飞跃性的发展。今后，为了企业的持续发展，你们必须明确事业的目的和意义。

这个目的不能是满足经营者个人一己私利的目的，而是要揭示让任何人都产生共鸣的、具备大义名分的目的。这样才能鼓舞员工，也鼓舞经营者自己。

如果事业目的是为私的，是为经营者个人的，那么，经营者自己的内心就会羞愧不安。如果把自己的事情抛在一边，目的是为公的话，经营者的内心就会充满力量和自信。

这就是大义名分的力量。如果能够摆脱私心，为对方、为周围的人着想，那么，就像"真、善、美"这些词所表示的，在人灵魂深处的美丽心灵就会显现，力量就会自然地涌出。而且，这种美丽的心性，同这个宇宙间流淌着的促使一切生物成长发展的潮流合拍，所以，结果也必将顺利而圆满。

领导者要向员工讲述哲学，通过学习提高心性，共有哲学

要将这个"美丽心灵"发挥出来，并不是什么样难事。这是每个人本来就具备的，只要实践孩童时代父母和学校老师教导的朴实的伦理观就行了，如此而已。

这就是把"作为人，何谓正确"作为判断基准的实践性的哲学，我称之为"PHILOSOPHY"，我在京瓷不断地讲述这个哲学。

经营者自己要学习哲学，通过学习提升心性。同时不仅自己要提升，而且要给员工们讲述哲学，要做出努力，让哲学为公司内的员工们共有。

为了实现崇高的企业目的，我准备以这样的思维方式，以这样的哲学来经营企业。必须在公司内讲这样的话，哲学必须与员工共有。

就是说，为了能与员工心心相通，在确立了企业的"愿景""使命"之后，接下来各位经营者需要做的，就是讲述自己的

哲学，与员工们共有这种哲学。

人为什么而活？为什么而工作？

我对人生是这么思考的，我打算这样度过自己的人生，我希望与大家一起以这样的态度来度过人生。

经营者的这种思想、人生哲学，在讲述企业的目的和使命的时候，自然而然会流露出来，也必须流露出来。

为了有资格讲述这种普遍性的哲学，经营者自己一定要不懈努力去提高自己的心性。在企业刚创建的时候，经营者的心性不高、器量不大，这没关系。但经营者不进步，企业就不能发展。经营者必须努力学习正确的哲学，拓展自己的器量。

跨越了"创业"这座高山后的经营者，为了守业，为了让企业进一步成长发展，必不可缺的就是，经营者自己一定要掌握这种高迈的哲学。

教会我们懂得这一点的，就是中国的悠久历史。在中国历史的典籍中充满着先人的睿智。特别是"草创易，守成难"这一句著名的格言，告诉我们维持组织的繁荣有多么困难。这句话出自记录唐太宗和他的侍臣对话的《贞观政要》这本书。

唐太宗在大约 1 400 年前，创造了所谓"贞观之治"的太平盛世。我认为，这个盛世的背景，就在于唐太宗自身的治国态度，那就是不断提升自己作为领导人的人格。

太宗在《贞观政要》中说道："为君之道，必须先存百姓。"

就是说，"站在统治国民立场上的国家领导人，最首要的，是对国民大众必须持慈悲之心，必须珍惜和爱护国民。"太宗讲的是为政者之道。

这与我前面所讲的"大义名分"是相通的。太宗自己表述了政治的目的、意义就在于谋求"国民的幸福"。

同时，为了实现这个崇高的目的，关键莫过于为政者自身必须持有高迈的哲学。太宗告诫侍臣："卿等特须灭私徇公，坚守直道。"就是说，"希望你们这些高级官员一定要去除私心、抑制利己之心，为社会尽力，务必贯彻正确的为人之道。"

在座各位企业家，在揭示崇高的经营目的、使命的同时，在亲身实践为达到这种目的、使命所需要的哲学、思维方式的同时，你们一定要做出努力，与员工们共同拥有这种目的、使命和哲学。这时候最重要的是：要让员工们看到，作为经营者你自己真心实践这种高迈哲学、思维方式的坚定意志和决心。

不管你宣讲多么高迈的哲学、思维方式，如果经营者本人不实践，缺乏实践的意志，自己的言行与这种哲学、思维方式背道而驰的话，那么，任何一名员工都不会真心听取经营者的说教，更不会发自内心地想要去付诸实践。

对于高迈的哲学和正确的为人之道，人们往往以为只要学一次就足够了，他们不想反复去学。但是，正如运动员如果不天天锻炼，就不能保持强健的身体一样，人的心灵、人格，如果不是经常性地努力去提升，很快就会回到原来的低水平。

相反，如果经营者不断严格要求自己，规范自己的言行，率先垂范，努力实践哲学，每天反省，持续提升人格，那么，看到经营者这种认真的态度，员工们也就会自觉地去实践哲学。

"既然社长有这么好的思想，我们员工也要响应，我们尊敬社长，我们要和他一起为公司的发展努力奋斗！"经营者必须要让员工产生这样的想法。

像这样，员工的思想意识变了，与经营者一条心了，大家一起付出不亚于任何人的努力，那么，企业就一定能顺利发展。这正是企业经营的要诀。

小结

今天，我以"企业统治的要诀"为题，讲了上面这些话。

要让企业发展壮大，首先，作为经营者，要让员工爱戴你，甚至迷恋你；同时，要给员工讲述工作的意义；然后，要树立高目标，就是揭示企业的愿景；要确立企业的使命；还要不断地向员工诉说企业的哲学；要努力提升你们自己的心性。

只有彻底贯彻这几条原则，企业才能不断成长。

我认为，所谓企业经营，首先就是要彻底地贯彻实行上述几条，让员工产生共鸣、让员工赞同，激发他们的热情，提升他们的积极性。除此之外，别无他法。

企业要持续成长发展，其"统治要诀"就是要在这些方面做到极致。当然，因为要经营企业，构筑销售和物流的体制，构建管理会计和财务系统等，完善具体的经营手法，不用说都是必要的。但所有这一切，要付诸实施，都必须得到员工由衷的协助和配合才能做到。

因为你是经营者，所以你可以发命令，可以靠权力让部下服从，但是，如果员工不是心悦诚服，工作敷衍塞责，那么，所有的努力结果都将化为泡影。相反，如果员工信任、尊敬经营者，

把公司当作自己的公司，尽心尽力，那么，即使你不下指示，他们也会自觉行动，把工作做好。

我参与的日本航空的重建也是这样。日航破产后留下了3.2万名员工，我认为，必须把他们的心凝聚起来，用相同的思维方式，统一他们对工作的态度，所以，首先我对他们进行了彻底的哲学教育，促进了他们思想意识的改变。

仅靠这一条，就不但让日航的业绩得到了 V 字形的恢复，而且让日航变成了全世界航空业中收益最高的企业。

日航重建成功，无非是日航员工的思想意识发生变化，积极性、主动性提高的结果。致力于意识改革和哲学共有，员工提高了自身的积极性，主动思考问题，主动参与经营，这就是日本航空重建成功的最大原因。

就是这样，无论是小企业要成长为大企业，还是已经成长壮大的企业要维持繁荣并继续发展，或是业绩低迷的大企业要谋求重生，无论在哪种情况下，激发和提高员工的积极性、主动性这一条，都是共通的、最基本的企业统治要诀。

希望大家能够理解我今天讲的话，把你们公司员工的积极性、主动性调动起来，缔造历史长久的、充满生机的、持续成长的企业。我相信，只要做到这一点，历史悠久的成都，乃至持续成长的中国的发展必将稳如磐石。

干法：经营者应该怎么工作
——在稻盛和夫经营哲学杭州报告会上的讲话

由稻盛和夫（北京）管理顾问有限公司主办的稻盛和夫经营哲学杭州报告会有这么多的中国企业家参加，还有许多日本盛和塾的塾生参加，在此，我表示衷心的感谢。同时，我还要感谢为筹办这次大会付出极大努力的杭州盛和塾的朋友们。

从2010年开始，我就想在这个经营哲学报告会上，系统地讲解我的经营思想和经营方法，这是在长达半个世纪的经营实践中，我亲身体悟的心得。

从北京报告会讲解"经营为什么需要哲学"开始，在青岛讲了"经营十二条"，在广州讲了"阿米巴经营"，在大连讲了"京瓷会计学"，在重庆讲了"领导人的资质"，去年（2013年）在成都又以"企业统治的要诀"为题，讲述了如何激励员工的问题。

通过这些讲演，我强调了在企业经营中哲学的重要性、企业经营的原理原则，讲述了有关企业管理的思维方式和组织架构，还讲述了企业的领导人以及员工各自应该承担的责任和应该发挥的作用。

在这一系列讲演之后，今天我想以"干法"为题，谈一谈执掌企业之舵的领导人即经营者应该如何工作的问题。

自己尽可能轻松，驱使员工卖命，借此赚大钱、发大财，这样的经营者大有人在。

还有，创办新型风险企业，通过上市一攫千金，然后年纪轻轻就退出江湖，休闲享乐。这样来定位人生目的的经营者，不论哪个国家都为数不少。

我认为，如果像这样，只把赚钱和享乐当作人生目的，那么，从结果来说，经营者自己并不能获得真正的幸福，企业也不可能持续成长发展。社会总是期待经营者具备更为高尚的人生目的。

迄今为止，我在中国的讲演中所论述的经营的原理原则、经营管理的思维方式和组织架构，能不能正确地发挥作用，很大程度上取决于从事实践的经营者的干法，或者说取决于经营者的工作目的到底是什么。因此，从这个意义上说，为了让在座各位，作为经营者，能成大器、做大事，我觉得有必要请大家重新认识工作的意义。

事业成功的前提是强烈而持久的愿望

经营者具体应该怎么工作？还有，经营者究竟为什么而工作？我想按着这个顺序讲下去。

首先，理所当然，经营者必须将他的事业引向成功。

无论是创建风险企业，还是继承原有的事业，让事业走上轨道，促使它成长发展，是经营者的第一要务。

这个出发点，就是要抱着"无论如何也要让事业成功"这种强烈的愿望去工作，在这一点上做到极致。这种强烈的"意识"类似于格斗时必须具备的"斗争性"。缺乏这种"斗争性"的人，不适合当经营者。相反，只要具备这种"意识"，哪怕资金、技术、人才不足，也可以靠热情和执着的信念加以弥补，让事业获得成功。

大家或许认为，仅仅依靠"意识"，事业不可能成功。然而，在"意识"里秘藏着巨大的力量。一般认为，逻辑演绎、推理推论、构思战略，即使用头脑"思考"最重要。心中"意识"到什么，不是多么了不起的事情。但是我相信，心中的"意识"的重要性，要远远超过用头脑进行的思考。在我们的人生中，"意识"所具备的强大的力量是其他任何东西都无法比拟的。

"意识"是人们一切行为的根源和基础。证明这一点的，就是现代文明社会所走过的历程。

原始的人类采摘树上的果实，捉鱼捕兽，依靠采撷狩猎的生活方式与大自然共生。此后，大概在一万年之前，人类开始拥有了自己的生产手段，借此种植谷物，饲养家畜，以供食用，由此进入农耕畜牧的时代。在采撷狩猎的时代，人类仅靠自身的意志无法生存，但依靠农耕畜牧，人类开始摆脱自然的束缚，可以按照自己的意志生活下去。

尔后，距今约250年前，英国发起了所谓的产业革命，蒸汽机的发明让人类掌握了驱动力。从这个时候开始，发明创造接二连三，科学技术的进步日新月异，令人眼花缭乱。这才构筑了如此壮观、如此富裕的现代文明社会。而这一切只用了短短250年的时间。

就是说，现在的这个文明社会发端于产业革命，依靠的是科学技术的发达。那么，科学技术为什么能如此发达呢？不用说，**其本源就是我们人类原来就具备的"意识"**。

"想这么干""如果有这个东西那就方便了""如果有这种可能性就太好了"，这一类"意识""念头"，会在我们每个人的心中浮现。比如，迄今为止我们都是步行或者奔跑，那么有没有更加快速、更加方便的移动方法呢？"很想乘坐新式的交通工具"，这类"意识""念头"会像梦一样在我们的心中升起。

这如梦般的"意识"会转变成强烈的动机，然后会付诸实践，人们开始着手制作新的交通工具。首先用头脑构思，接着努力试作，然后再思考，深入地思考，不断钻研改进，经过反复的失败，最后造出了各种各样的交通工具。有人设计制造了自行车，有人发明了蒸汽机车，后来演变为电车，有人发明了汽车，有人造出了飞机。

发明创造某种东西，在具体实施时，必须用头脑思考，必须进行研究。但其发端却是突然在心中浮现的"念头"。一般说来，"念头"这东西往往受到轻视。常听人说："不要凭念头，不要凭心血来潮说事。"但实际上，这个"念头"才是最重要的，现代科学技术，一切发明创造的起源，都发端于这个"念头"。

这在企业经营中也完全一样，经营者心中的强烈的"念头"可能变为现实。

说到这里，我想起了一个故事。"首先你必须得这么想！"就是说，愿望非常重要。我年轻时就从松下幸之助先生那里学到了这一条。

京瓷创业时，在企业经营上我是外行，我很想从成功的企业家那里学到经营的秘诀。当时正好拿到了松下幸之助先生讲演会的邀请书。我很迫切地想知道，被世人称为"经营之神"的松下先生究竟是用什么思想经营企业的。我提出申请，满怀期待，赶赴讲演会场。

当天因工作关系我迟到了，我在会场的最后面一排，站立着听讲。

"经营企业在景气好的时候，不要以为景气会一直好下去，要考虑到经济会出现不景气，在资金有余裕时要做好储备。就是要像蓄水的水库一样，经营企业要为不景气时做准备。"

松下先生讲的主题是：大量降雨，如果任其流入江河，就会引起洪水泛滥，招致大水灾。所以，先要让河水流入水库，然后按需要放水，这样不仅可以遏止洪水，干旱时还可以防止河水断流，这样就有效地使用了雨水。这种治水的思维方式应用到企业经营上，就是所谓的"水库式经营"。

讲演结束，松下先生开始回答听众的问题。后排有人举手提问："您所说的水库式经营，就是经营必须有余裕、有储备，我们都明白，松下先生就是不说，我们中小企业的经营者也都懂得这一点，也都这么想，但正因为做不到，我们才感觉苦恼。究竟怎么做经营才能有余裕？如果不教给我们具体的方法，我们不满意，不好办。"提问中夹杂着抗议的味道。

那一刻，松下先生脸上露出了非常困惑的神情，沉默片刻，他轻声地自言自语，只说了一句话：**"不！你不想可不行啊！"** 然后又保持沉默,听众以为松下答非所问,所以哄堂大笑。当时的情景我记忆犹新。

但是,就在那一瞬间,我感觉犹如电流通过我的全身。"你不想可不行啊!"松下先生嘟囔似的说出的这句话中,包含了万种思量,深深地打动了我的心。

"你不想可不行啊!"这句话,松下先生想传递的意思是:

你说你也想让自己的经营有余裕,但怎么做经营才能有余裕,方法千差万别,你的公司一定有适合你公司的做法,因此我没法教你,但经营企业绝对要有余裕,你自己必须认真去想,这个"想"才是一切的开始。

"如果可以的话就好了!"凭这种程度的、轻浮的想法或愿望,要达成高目标,要实现远大理想是根本不可能的。经营要有余裕,你是不是发自内心真正这么想?这是关键。如果你真心这么想,你就会千方百计、拼命思考具体的办法,水库就一定能建成。松下先生想说的就是这个意思。

前面已说过,"无论如何非如此不可",人如果强烈地祈愿,那么他这种"意识"一定会化作行动,他就会自然而然地朝着这种意愿实现的方向去努力。当然,这种"意识"必须非常强烈。

不是漫不经心,而是"不管怎样、无论如何都要这么干!""非如此不可!"必须是这种强烈的意念支配的愿望和梦想。要获得事业的成功,其前提就是要具备这种强烈而持久的愿望。

事业成功的保障是付出不亚于任何人的努力

抱有了这种强烈的愿望,接着就只有"付出不亚于任何人的努力"这一条了。努力的重要性众所周知。另外,如果问"你努力了吗",几乎所有的人都会回答:"是的,我努力了。"

但是,普通程度的努力不管你如何持续,你也不过是付出了与普通人一样的努力,你只是做了理所当然的事。这样的话,成功是没有把握的。只有付出不同寻常的、不亚于任何人的努力,才能在竞争中脱颖而出,才可期待获得巨大的成果。

"付出不亚于任何人的努力"这句话非常关键。在工作中想要做成某件事情,就要不惜付出无穷无尽的努力。不肯付出超越常人的努力,却想获得很大的成功,那是绝对不可能的。

这么说,人们就难免误解,好像"付出不亚于任何人的努力"是一件特别的事,是一个沉重的话题,做出无限度的努力似乎是一味苛刻地要求我们自己。但事情绝非如此。

放眼自然界,不管什么动物、什么植物,不在拼命求生存的物种并不存在。只有我们人类才会心怀邪念,贪图享乐。

初春时分,我在京都的自家附近散步。在城墙的石缝中有嫩草出土,走近细看,石块和石块的缝隙之间,只有一点点泥土,但就在这少得可怜的土壤中,草儿拼命吸取春天的阳光雨露,萌生出它的嫩芽。

此后,春季只短短地持续几周,抢在这期间,草儿接受阳光的恩泽,匆匆地长叶、开花、结籽。如果不这样,等到夏天来临,石壁在灼热的阳光曝晒下,温度急速上升,草儿就会枯死。

所以赶在酷暑到来之前，草儿必须竭尽全力、拼命生长，以便留下子孙，然后枯萎。

在柏油马路的缝隙中长出的、连名字也不为人知的杂草，它们的命运也一样。在水分极端缺乏的、地狱般炎热的环境中，各种各样的杂草都挣扎着拼命求生，希望比别的杂草获得更多的阳光，以便长得更大些。为此，它们拼命扩展草叶，伸展草茎，为生存而竞争。

不是为了击败对手而拼命，而是为了自身的生存而拼命努力。自然界原本就是这么形成的，不拼命求生的植物绝不存在，不努力的草类无法生存。

动物也一样，如果不拼命求生存，必将灭绝，此乃自然界的铁则。只有我们人类，谈到要"付出不亚于任何人的努力""要拼命工作"，反而觉得很特别，很难接受。

这不对！不仅是为了获得成功必须勤奋努力，就是为了生存也必须"付出不亚于任何人的努力"。这乃自然的法则。

经营者要"为了追求全体员工物质和精神两方面的幸福"而持续努力工作

为什么自然或者上天会按照这种法则来创造世界呢？别的生物"付出不亚于任何人的努力"是上天赋予的本能。但是我们人类却必须依靠自己觉悟，才能明白这个道理。我认为，特别是我们经营者，必须自觉地意识到拼命工作是上天赋予我们的使命。这与"经营者为什么而工作"这一根本性的问题相关联。因此，接下来我想论述关于经营者工作目的这一问题。

当我还是一个青年经营者的时候,我一边"付出不亚于任何人的努力"做工作,一边又觉得充当我这样的角色很是吃亏。越是全身心投入工作,越是光明正大地经营企业,越觉得不划算——如此付出和收获不相称的工作世上恐怕再没有了吧。我真的这么想过。

股份公司和有限公司本来只应该承担有限的责任,但实际上却并非如此,特别是中小企业。在日本,当需要向银行贷款的时候,银行会说:"你是社长,贷款需要你个人做担保。"社长必须拿出自己的土地房产作抵押,才能取得贷款。一旦经营失误,不仅公司破产倒闭,而且用作担保抵押的房屋土地也可能被金融机构收走。

一方面,要背负这种倾家荡产的风险;另一方面,因为要光明正大地经营企业,所以在规定的工资之外没有其他收入,也没有什么特权或好处。另外,尽管责任重于山,有时却还要受到员工的猜疑:"社长背着我们拿了很多好处。"社长就是在这样的环境中每天忙个不停。这样想来,经营者真的不好当,吃力不讨好。我就曾经这么想过。

我甚至想过,既然社长要负如此大的责任,工作又是如此辛苦,获取更高的报酬那不是理所当然的吗?

我记得,京瓷公司在大阪证券交易所上市时,公司的税前利润已达20亿日元,而我当时的年薪只有区区数百万日元。

"一年做出20亿日元利润的企业的创业者、经营者,年薪只有数百万日元,未免太低了。哪怕一个月工资100万日元,一年也不过 1 200 万日元，只占利润额的很小一部分。京瓷是以我的技术和才能为基础创立的公司，现在获得 20 亿日元的利润，也是依靠我作为经营者发挥力量的结果。"

当时我头脑中突然冒出过这样的想法，但那时我又纠正了自己的想法。我想，我应该将自己经营者的才能用来为大家服务，上天要求我发挥这样的作用。

我能成为经营者，或许在我身上真的拥有某种才能。但是，我具备这种才能并没有任何的必然性，不过是上天偶然地赐予了我这样的才能。为了社会的正常运转，有能力的人应该成为领导者。我只是作为其中一部分责任的承担者，才当上了经营者。如果担任这个职务的不是我，而是 A 先生或者 B 先生或者别的什么人，也未尝不可。

因此，我不可以将上天授予我的才能变成自己的私有财产。在社会结构中，需要有这样的领导人，为了使社会变得更好，他们必须用自己的才能来回报社会。自己承担这样的职责，也许是命运的安排吧。但因此就把才能视为自己的东西，把它当作私有财产，"是我了不起"，自命不凡，采取这种态度，就是傲慢不逊。

"如果自己某种程度上拥有经营者的才能，那么就应该为了伙伴们的幸福，站在前头努力拼搏。"这样一种使命感不久后塑造了我的人生观。

然后，自创业起经过了约 20 年，针对持续高成长、高收益的京瓷公司，同时针对我这个掌舵人，许多媒体的朋友都提出了这样的疑问："你到底为什么还要如此拼命地工作？"

不仅是媒体，连亲戚朋友们也追问我："你在短短 20 年间创建了如此优秀的企业，销售额已经达到几千亿日元，利润已经达到几百亿日元，从利润额来看，即使在日本的电器厂商中也已经名列前茅。已经取得了如此卓越的成就，你到现在仍然废寝忘食、拼命工作，让自己稍微轻松一点不好吗？你这么干的目的究竟是什么？"

还有人说得更难听，他们讽刺说："已经赚了几百个亿，还不知满足，真是一个贪得无厌的人！"然而，我工作既不是为了我自己的利益，也不是为了京瓷公司的利益。

记得当时，对媒体、对熟人和朋友，我说了这么一段话："驱使我想要提升公司业绩的原动力只有一个，就是希望员工们在未来的日子里，永远生活安定、永远幸福。为了打好这个基础，就要提升销售额、确保利润。"

"想要扩大销售额，就要增添新员工，员工增加，我就要解决包括员工及其家属的吃饭问题，于是我就愈加不安，因为不安，所以要通过开发新产品来提升销售额。于是人手又不够，又要招募新员工。可以这么说，正是在这没有止境的不安和焦躁之中，公司才不断成长壮大，达到了今天这样的规模。"

"或许你会想，既然不安增加，那么停下来，到此为止不就行了吗？但是，当觉得'到此为止就行了'的那一瞬间，企业就会开始衰落。所以我想，京瓷公司只要继续存在，在这种互相矛盾的、无止境的循环中，为了员工长远的幸福，除了付出之外，我别无选择。"

当我这么回答时，媒体的朋友以及我的亲朋好友们都会笑着注视我。但是我内心就是这么想的。不提发展，哪怕只是维持现在良好的业绩,也绝不是一件容易的事,我心里清楚。

为什么呢?因为不管现在如何顺畅,五年、十年以后会怎样,谁也不知道。现在是过去努力的结果,将来如何由今后的努力决定。如果是这样,那么就容不得经营者有片刻的懈怠。像"努力至今,已经够好了"之类的话,实在说不出口。

现在的这每一瞬间,都与未来相关,都左右着未来的结果。这不仅涉及我个人,而且关乎全体员工,决定了他们将来的生活。所以,"停下来歇歇吧"的想法不能允许。现在做得越好,就越需要维持良好的状态。我痛感这一责任,我必须更加努力。

今天加油,明天加油,必须持续无止境地努力,想到其中的苦处,年轻时代我也曾陷入迷茫。

某个时候,我这么想过:当奥运会选手该多轻松啊!当然,成为奥运会运动员是非常困难的事,一旦被选拔上,就会受到人们的赞赏,当事人也会感到自豪。这确实很了不起。

要成为一名奥运选手,拥有运动天赋自不用说,还需要付出非同寻常的努力。但是奥运会四年一次,运动员只要瞄准这个目标而拼命努力就行了。相对而言,这还比较简单。

但是,经营者却必须维持企业十年、二十年、三十年、四十年的繁荣兴旺,必须为此兢兢业业、孜孜不倦。在这期间不能有丝毫的自满和懈怠。比起经营者的这种艰辛,当奥运会选手让我感觉轻松多了,因为不管多么艰苦,总有尽头。但经营者的努力却绝没有止境。

今年4月,京瓷迎来了创建55周年。关于必须付出无止境的努力这一话题,在京瓷成立20周年的纪念典礼上,我曾经这样表述：

我认为，经营企业好比登山运动员登山，朝着极远、极高的山顶攀登。在登山的那一刻，是以眼前能够看到的山顶为目标，一旦登上这座山的山顶，就会看见山脊相连的另一座高山，再登上这座山，还会看见下一座山，连绵不断。这种情形正和企业经营一样。

创业 20 年来，我们登上一山就看到下一座山，再登上一山又看到下一座山，连绵不绝。我想，能实现我们远大梦想的高山还在更加遥远的地方。

当年我做了这样的描述。是的，**我们经营者只能朝着那无尽的高山持续不断地攀登。那么，这样无止境的努力为什么能够持续呢？这是因为，我前面已经谈到，我工作是"为了追求全体员工物质和精神两方面的幸福"**，无非就是这个原因。这写在了京瓷公司的经营理念之中。

让成功持续最重要的"干法"就是经营者的"无私"

人生的目的放在何处，人生观就会随之改变。有的人把人生目的放在增加财富和利益上，有的人想要名誉地位。如果用具体的数字或职务来表达这种目的，一旦目的达成，他们就会失去前进的方向和动力。

一开头我就讲到，有的年轻人创办风险企业获得成功，一攫千金的目标实现了，就无事可干了，接下来的人生就是享乐，靠享乐消磨时光。

当然,"想要赚钱"这种强烈的愿望本身绝不是坏事。事业开始的时候,缺乏"无论如何必须成功"的强烈的愿望是不行的,"要过上富裕的生活"这种愿望也是成功很大的原动力。

我认为,第二次世界大战后的日本之所以能成为经济大国,如今的中国之所以能够成为世界第二经济大国,其原动力就在于每一位国民追求富裕的愿望。

但是,为了让已经成功的事业长期持续地发展,就不能把"只想赚钱"这一经营者的个人愿望作为事业的目的。如果把这种个人目的当作事业的最终目的,那么,一旦获得成功,经营者就不会再拼命工作了。这样的话,就会让在那里工作的员工们陷入不幸。

经营者不仅对员工的幸福负有责任,而且对为公司出资的股东,买公司的产品、接受公司服务的客户,包括公司的事务所及工厂所在地区的民众,以及与公司有关的所有人的幸福都负有责任。

并且,这个幸福不是"只要现在好就行"这种短暂的幸福。如果想让企业持续发展,不断取得良好的业绩,从而让相关的人员都获得幸福,那么就要付出无止境的辛劳。反过来说,如果把这些作为工作的目的,那么就不会产生"我已经达成目的了,可以满足了,可以高枕无忧了"这类想法。

京瓷和KDDI两个集团加起来,销售额已接近6万亿日元,利润已超过8 000亿日元。按理说,作为创建了这两大集团的负责人,我或许可以过得更轻松自在一点,或者跟某些人一样,生活过得奢侈一点，那也不会遭到什么报应，但我自己却无法心安理得。

即使现在也是这样，除了工作上的宴请之外，我极少去宾馆、饭店享受高档的菜肴。花几万日元吃一顿饭，对于我来说，经济上根本算不了什么，但我自身很抵触这样做，因为我感到害怕。不是因为缺钱而怕，我是怕自己养成沉溺于奢侈的习性，那种每晚都大肆挥霍、享用高价菜肴却能心安理得的心理让我觉得很可怕。

有人稍微获得一点成功，就常去宾馆大吃大喝。耳闻目睹这种现象，我心里就会生出疑问。我想他们在创办公司之初也是倡导俭朴的，后来成功了、阔绰了，觉得奢侈一点也无所谓，反正经济上承受得了，他们因此就学会了奢侈浪费。

但是，我却无论如何也奢侈不起来，一旦奢侈，就会傲慢，我一直这么告诫自己，我想这已经成了我的习惯。

我在京都有自己的家屋，但我实际使用的不过是我的寝室、书房以及一楼的起居室而已。在家时，通常都会坐在有电视的起居室里，没什么安排时，就会看书、看电视，无所事事度过一天。

我曾经跟随禅宗的僧人进行过修行。禅宗的僧人们常说："**起身半张席，躺下一张席。**"人过日子，家不需太大。看看我自己就是这样，在家时大体都坐在起居室，空房有好几间，基本都不用。

我的妻子同我一样，也是一个非常俭朴、拒绝奢侈的人。她不舍得丢东西，结婚以来，穿过的、用旧了的鞋子、衬衣、裤子全都留了下来。从这个意义上讲,所谓夫妻相,不过是性格像,从过去到现在,家庭的生活方式没有发生什么变化。我觉得从结果上来看,这也让我能够始终保持谦虚的态度。

人一旦成功,总会骄傲。即使过去是十分谦虚的人也会变得傲慢起来。这样的话,他的人生观也会随之不断变化。一般人都是这样。

同时,随着人生观、思维方式的变化,企业的业绩也会下降。迄今为止,我目睹了许多这样的事例,不少才华横溢的经营者如流星般闪现又迅速坠落。我想无非是因为他们经受不住成功的考验,人格、人性、思维方式发生消极变化的结果。

从这个意义上说,我认为,让成功持续的所谓"干法",最重要的一点就是"无私",就是抱着无私之心去工作、去做事。

地位高、权力大,只要下命令,什么事情都可以干,特别是企业的最高领导人,没有人能够制约他,因为他手中握有人事任免权这种绝对性的权力,所以哪怕他乱干胡来,别人也难以阻止他。

其中有的经营者公私混同,连个人的私事也会让员工去干。这种人格不成熟的人本来就没有资格坐上经营者的位子,可能他原先也是一个优秀的人物,只是坐上权力的宝座以后,才麻痹了他的神经。

以前曾有盛和塾的塾生问我:"当社长最重要的事情是什么?"关于"社长要诀"我做了如下阐述:

第一,社长必须设置严格区分公和私的界限,就是说绝不能公私混同,特别是在人事问题上,不可有丝毫的不公平。

第二，社长对企业要负无限大的责任。为什么？因为企业本是无生物，而向企业注入生命的唯有你社长一人。企业是否充满生机，取决于你以多大的责任感将自己的意志注入企业之中。

第三，社长的存在既然如此重要，社长就必须将自己整个人格、将自己的意志注入企业中。

要诀还有若干条，但开头这三条说的是："经营者不可有一丝一毫的私心"，就是强调了无私的重要性。

在我当社长的时候，我常说这样的话：作为社长，我虽然也是稻盛和夫个人，但放第一位的必须是公司的事情。公司不会发声，"还得扩大销售额""得让经营更加稳健"这些话公司自己不会说，作为社长，我必须说，我必须充当公司的代言人。

我是人，公司不是人，而是无生物，我必须代表公司，"公司要求这么干！"我必须代言。那么，我何时回归到我个人呢？当我返回到个人的时候，我就要思考我个人的私事，这时候公司就无法发挥它的功能。

但这么做是不行的。既然当上了社长，虽然可怜，但已经不允许再回到自己个人了，社长必须彻底地排除自己的私心杂念。

当我这么想的时候，我就公开宣布"京瓷公司不采用世袭制"。"我不让我的孩子来继承公司的事业，也尽量不让我的亲属亲戚进入公司、担当重任。不可加进'私心'，要让和我一起同甘共苦的干部员工来担当将来的社长、会长。"我就是这么想的。

当然，我并不是说世袭制本身不好。特别是中小企业的场合，有所谓"家业"，一族人克勤克俭，经营着传统的企业。在这种情况下，经营者应该这么给员工说："我们公司虽然是世袭制，但我决不会驱使大家为了我个人的私利私欲拼命干活，我是为了各位生活幸福，才拼命经营企业，希望大家协助我！"

然而，京瓷已经成长为一个规模巨大的公司，已经远远超越了"私"这个范围，已经真正成了"社会的公器"，已经没有余地加进稻盛和夫的一己之私了。

从头到尾贯彻这种无私的精神，看起来似乎不近人情，是违背人们正常感情的行为。但我相信，这是位于众人之上的领导人必不可缺的条件。

另外，正是看到经营者这种无私的姿态，员工们才会想："我就跟定这个人了！""如果是为他的话，我愿意拼命干！"同时，因为经营者自己堂堂正正、问心无愧，就可以严格要求员工。

实际上，对于工作马虎的员工，我常常会这么斥责他们："为了包括你在内的全体员工的幸福，我率先垂范、从早到晚、拼命努力，你却如此马马虎虎、敷衍塞责，行吗？为了你自己，为了你的家族，也为了周围的伙伴，你得认认真真地干，不要让我为难。"

受到批评的员工，因为不是为了经营者的私利私欲，目的是为大家，是为脱离了私字的公，他们也会鼓励自己，把自己具备的力量最大限度地发挥出来。

再进一步，超越为了员工的幸福这一集团的范围，以"为社会、为世人"的利他之心为基础，踏进没有任何人敢于踏入的领域，集聚众人的力量，朝着共同的方向，众志成城，把事业引向成功。

当日本的电气通信事业打破垄断、开始自由化之际，以京瓷为母体的DDI，即现在的KDDI的创业，就是一个典型的例子。京瓷属于制造厂家，当我决定要参与性质完全不同的通信领域的时候，就参与的动机中有没有夹杂私心，我曾严格地自问。从想要参与通信事业的时候开始，在就寝以前，每天晚上，我都要自问自答。

"你想参与通信事业，真的是为国民着想吗？没有谋求公司和个人利益的私心混杂其中吗？不是想哗众取宠、获得世人的喝彩吗？你的动机纯粹吗？真的没有一点儿杂念吗？"

就是说究竟是不是"动机至善、私心了无"？我一次又一次叩问自己的内心，反复逼问自己动机的真伪。整整半年以后，我确信自己没有一丝邪念，这才起步踏入通信领域。

以京瓷为主体创建的DDI与其他新加入的公司相比，既无经验又无技术，被公认为条件最差。但DDI从逆境中奋起，从刚营业开始，就在新入企业中取得了最好的业绩，而且一路领先。

其成功理由，当时乃至现在都有不少人在询问。对此，我的答案只有一个：为社会为世人做贡献，就是这一无私的动机带来了成功的结果，仅此而已。

从DDI创业开始，我就反复向员工们诉说："我们一定要努力降低国民的长途电话话费！""人生只有一次，让我们把宝贵的人生变得更有意义吧！""现在我们适逢百年难遇的巨大机会，我们要诚挚地感谢上苍，我们要抓住这天赐良机！"

这样，DDI的全体员工不是为自己，而是从为社会为世人的纯粹动机出发，从内心渴望事业的成功，全身心投入工作，因此获得了有关各方的支持，从而又获得了客户们广泛的援助。

DDI创业后不久，我给予一般员工购进股票的机会。因为我认为：DDI在不断成长发展，股票终将上市，到那时，通过资本利得的方式，可以让员工们的辛勤努力获得回报，同时也表达我对员工们的感谢之情。

另一方面，作为创业者，我自己本可以获得最多的股份，但事实上我连一股都没有。这是因为在DDI创业当初，我就已经考虑好了不夹杂任何的私心。

如果我持有哪怕一股股票，人家说我归根到底还是为了赚钱，我就难以反驳。同时，DDI后来就一定会走向错误的方向。我认为现在的KDDI之所以成功，就是因为排除了私心，揭示了为社会为世人的崇高的事业目的，全体员工朝着这一目的奋勇前进。

这在日本航空的重建中也完全一样。在中国的讲演中我已多次提过，由哲学推动的意识改革，由阿米巴经营推动的组织改革，以及管理会计的引进，改变了日本航空以往官僚主义的企业文化，每一位员工都主动出力，为改进日航的经营拼命努力。这才是日航重建成功最大的原因。

同时我想还有一点，就是在重建过程中我自己的态度感动了员工。我出任会长不拿一分钱薪水，虽然年事已高，仍然全身心投入重建工作，这给了员工们有形无形的影响。

我曾多次拒绝日本政府的邀请。但为了日本经济的重生，为了保证日本航空留任员工的雇用，为了利用飞机的国民的方便，为了履行这三条大义，我还是接受了会长的职务。当初因为还有别的工作，另外已是高龄，所以我承诺一周上班三天。

但是，出于无论如何也要让日航重建成功的愿望，在全力投身于工作的过程中，从原来打算的一周三天变成了四天、五天，结果一周一大半时间都花费在了日本航空上。我家住京都，离日航总部所在的东京距离很远，我快80岁了，一周的时间几乎都在东京的宾馆中度过，有时晚饭就吃两个饭团打发过去。

不是有意识这么做，但看到我以无私的姿态拼命投入日航重建的身影，许多日航员工自然就会这么想："和自己的父亲、祖父一样年龄的稻盛先生，不要任何报酬，原本与日航没有任何关系，却在为日航的重建拼死努力，那么，我们自己不更加努力，怎么说得过去呢！"

我想在日本航空每一位员工都全力投入重建的时候，我的以身作则给了他们莫大的激励。

为什么我能够以这种无私的姿态投入日航的重建呢？因为"为社会为世人做奉献是人最高贵的行为"，这已成为我牢固不动的人生观。

我认为，神灵把所有的人送来现世的目的，就是要让大家"为社会为世人尽力"。或者说，我们将自己的人生做这样的定位才是最重要的。就是能破除私心，而去为他人尽力行善，自我牺牲。

不管我们愿意不愿意、喜欢不喜欢，最后我们都会迎来死亡。当死亡来临之际，不管过去做出过多大的业绩，也不管有多高的名誉地位，积聚了多雄厚的财产，都不可能带往那个世界。在死亡面前大家一律平等，只能一个人静静地死去。

我们来到这世上，活到了今天，真要面临死亡的时候，我们的心灵、我们的魂魄是否能平静地、安宁地朝着那个世界起程，这才是问题所在。换句话说，问题在于，我们在人生的波涛中，是否磨炼了自己的灵魂，是否带着稍稍净化美化了的灵魂去迎接死亡。

正是为了磨炼灵魂，才必须为社会为世人尽力。这并不意味着要去做什么特别的事情。就我们经营者而言，就是要把企业经营好，让员工，包括其家属在内的所有相关的人都能放心地把自己的人生托付给公司。这本身就是了不起的善举，就是为社会、为世人尽力。

我认为，通过这种善行而磨炼得更为美好的灵魂，只有这灵魂才是能够带往那个世界的、唯一的、真正的勋章。

这样思考的话，那么用无私的姿态去经营企业就绝不是什么苦差事。相反，正是在这里才能找出工作的意义。

当然，这将伴随着自我牺牲。经营者越为员工、为社会、为世人尽力，就越会影响经营者个人的家庭生活。

一般的父亲，在孩子的成长过程中，可以与孩子一起度过家族团聚的快乐生活，可以参加孩子学校的例行活动，还可以经常带着孩子外出旅行。

但是，正如前面所说，经营者必须24小时考虑公司的事情，哪怕是片刻的分心，在这片刻中公司的运行也有可能停止，因为我是这么想的，所以不要说考虑我自己，就是考虑家庭的时间我也会予以节制。

许多人对我说:"你每天早出晚归,休息日也在奔忙,连陪家人的时间都没有,你的夫人和孩子不是很可怜吗?"

但是,我并不认为我在牺牲我的家庭。因为我不把只是守护好家庭,或者只要维护好我个人的那种小爱当使命,而是要让更多的员工幸福,把这种大爱作为自己的使命。在这个意义上讲,不如说我的人生比任何人都更丰富、更有价值、更幸福。对此,我现在有深切的感受。

对于经营者而言,幸福是什么呢?不是为了自己,而是为社会、为世人做有意义的事,并且对此感到自豪和自信,这种自豪和自信在我们面临经营困难的时候会给予我们巨大的勇气,同时,当我们在做这些好事的时候,我们会感觉到喜悦。我认为,这些才是我们经营者最大的幸福。

付出以笔舌难以道尽的辛劳,勤奋努力、拼命奋斗,守护公司、守护员工、守护社会,感觉到自己在做这些好事的时候,我们经营者同时也能感觉到喜悦和快乐,我认为,感觉到这种喜悦和快乐就是我们经营者最大的幸福。

我希望大家都成为能够感受到这种幸福的经营者。从一开头,我就讲到经营者要成大器、做大事,就必须在理解经营的原理原则和经营方法的同时,重新思考自己工作的意义。

出于单纯的个人欲望希望事业成功,从这里出发,一点一点提升自己的心性、磨炼自己的人格,把为员工、为社会、为世人尽力作为自己工作的目的,认识提高到这个境界,我认为就是经营者的所谓成大器、做大事。

只要这种成大器、做大事的经营者今后不断增加,我相信,就不仅能给各自的企业带来成长发展,而且能给中国国民带来物质和精神两方面的幸福,还能促进中国经济的健康发展。

最后祈愿杭州越来越繁荣,祈愿今天汇聚在这里的经营者们事业兴旺发达。

为什么企业一定要实现高收益
——在稻盛和夫经营哲学上海报告会上的讲话

由稻盛和夫（北京）管理顾问有限公司主办的"稻盛和夫经营哲学上海报告会"有这么多中国企业家参加，还有不少日本盛和塾塾生赶来参加，请允许我表示诚挚的感谢。

从2010年开始到现在为止，在这个经营哲学报告会上，我分七次在中国各地系统地讲解我的经营思想和经营方法，这是在长达半个世纪以上的经营实践中，我亲身体悟的心得。

在北京报告会上我讲了"经营为什么需要哲学"，在青岛讲了"经营十二条"，在广州讲了"阿米巴经营"，在大连讲了"京瓷会计学"，在重庆讲了"领导人的资质"，在成都讲了"企业治理的要诀"，去年在杭州报告会上又以"干法"为题，发表了讲话。

今天，在上述一系列的讲话之后，我想讲一讲"为什么企业一定要实现高收益"这个题目。

为什么要讲这个话题呢？可以说，现在中国经济已经到了一个转折期，就是从高速增长转向稳定增长的时期。在这个时期，为了谋求企业长期持续的发展，我认为企业确保足够的收益率是必要条件。

过去的日本也曾出现过这样的情况,当整个国民经济高速增长的时候,新兴企业不断涌现,并同国民经济同步发展。但是,在经济高速发展时期,只是片面追求销售规模而没有确保高收益率的企业,绝不可能有长期持续的增长,一旦有经济变动的波涛袭来,这种企业就会衰落乃至消灭。

为了企业永续的生存发展,我认为不仅要扩大销售规模,最重要的是确保收益率,就是必须实现高收益。

为此,我希望我下面的讲话,对大家今后在努力成为高收益企业的过程中,能够起到参考的作用。

下面我讲三个问题。第一,我是如何想到企业要以高收益为目标的,原点是什么?第二,为什么企业必须实现高收益?第三,利润率要达到多少才算高收益?

我是如何想到企业要以高收益为目标的

企业经营一定要追求高收益,我开始思考这个问题的原点,可以追溯到京瓷创立的时候。京瓷正式设立是在1959年4月1日,但是从这一年1月份开始,我就已经着手积极准备创建京瓷。当时,支持我们并与我们共同商讨创业事宜的,是以西枝一江为中心的几位先生。西枝先生是宫木电机这家制造配电箱企业的专务董事,而宫木电机是京都创新型企业的先驱。

在设立京瓷的时候,以宫木电机社长宫木男也先生为首,西枝先生以及当时宫木电机的常务董事交川有先生等,即由宫木电机的干部们个人出资，一共筹集了300万日元资本金。

当时我才27岁，手头仅有1.5万日元。和我一起创业的几位20多岁的年轻人也同我一样，都没钱出资。援助我们创业的上述几位人士，以"技术出资"的名义，分给了我们一部分股份。

首先以这300万日元为资本金，快速推进公司的设立事宜。同时开始借用宫木电机的会场和仓库，改装成生产精密陶瓷产品的工厂。制造陶瓷产品有几样设备必不可缺：调和原材料要用的粉碎机（被称为磨粉机）、让粉末成型的冲压机、挤压成型机以及烧结陶瓷的电气隧道窑。很明显，要购买这些设备仅靠这300万日元资本金是远远不够的。

为了解决这个问题，刚才提到的在公司建立时起到核心作用的宫木电机的西枝先生以自家的房产作抵押，从京都银行为我们贷款1 000万日元。这1 000万日元加上300万日元资本金共1 300万日元，这就保证了制造设备的购买和企业成立初期所需要的费用，京瓷因此就能顺利开张了。

这位从银行借钱帮助我的西枝先生对我这么说："创业本来就是一件非常困难的事情，成功的可能性甚至只有万分之一。特别是你准备做的新型陶瓷是过去从未有人做过的、独创性的产品，需要高难度的技术，同时这一产品的市场又非常有限。这样的事业要获得成功极为艰难。"

接着，西枝先生又说："稻盛君，这个企业的经营是如此的困难，你一旦失败，我在京都银行担保抵押的自家的房产就会被银行没收。"

当时我还只是一个27岁的青年，听西枝先生这么说，我只觉得后背一阵冰凉。

我的父亲第二次世界大战以前经营一家中小型的印刷企业,工厂就在我家旁边,印刷机器从早到晚响个不停,我就在这种环境中长大。

我父亲本来就没有什么资本,所有的印刷设备都是从纸张批发商那里借来的。另外,或许是因为父亲出身贫困吧,他对向别人借钱这件事,抱有极度的恐惧心理。我大概也是继承了这个血统,对借钱贷款心中充满了不安。

受到这种强烈的责任感的驱使,我觉得,如果帮我、助我的西枝先生的家屋被银行没收,那就太可怕了。无论如何都必须尽快归还这笔贷款,我的这个想法非常强烈。

我一边这么想,一边拼命地工作。京瓷第一年的年度决算,销售额2 600万日元,税前利润300万日元,利润率达到11.5%,这是一个好业绩。

当时我非常高兴,我想:"照这样努力的话,还钱的速度之快可以超出预计。"既然第一年就赚了300万日元,拿这钱去还债的话,那么只要花三年,就能基本还清1 000万日元的借款。

当我满怀喜悦去向西枝先生汇报时,他却给我当头浇了一盆冷水:"你说什么呀!你怎么什么都不懂啊!做出300万日元利润,其中将近一半要缴税。剩下150万日元,要拿出50万日元给出资人分红、给董事发奖金。能用来还债的不过100万日元而已。"

我对财务会计一窍不通,西枝先生这番话让我非常吃惊,同时又非常沮丧。如果只能剩100万日元的话,那么要把1 000万日元贷款还清，就得花10年时间。谁也无法保证今后10年中每年的经营都很稳定，都能还上100万日元。况且，企业利润如果全部用于归还贷款，就不可能为企业的进一步发展进行投资。

"怎么办才好呢？"在担心之余，我去请教西枝先生。西枝先生却说："你根本不需要担心。能做出10%的销售利润率，说明这个事业前景美好，值得期待。贷款暂时不还也行。只要有利润，只要看到这个事业的发展前途，那么，能够支付银行利息就足够了，不必急于归还本金。"

"但是，贷款必须尽快归还。万一形势不好，到时债还不了怎么行！"当我再次反问时，西枝先生却这么教导我：

"贷款必须归还，如果你抱这种想法，就说明你只是一名优秀的工程师，却成不了出色的经营者。如果是前景看好、有魅力的高收益的事业，哪怕没有担保，也能获得融资。有本事用好这种资金，不断快速拓展事业，这才配称为事业家。"

"原来如此！事业原来应该这么干啊！"我非常佩服西枝先生。然而，或许是与生俱来的天性吧，我还是认为必须尽快归还贷款。

"一般的事业家都是借用别人的钱投资设备，发展壮大。只要能支付利息，能提取折旧，贷款绝非坏事，更不是什么可耻的事。"尽管西枝先生这么讲，但因为我缺少经营的常识，我依然坚持自己的观点，必须尽可能避免借钱贷款。

这时候，我忽然产生了一种想法：原来如此啊！当初，听说有300万日元利润，我就以为3年可以还清贷款。不料利润中一大半要用于缴税和分红等。那么，贷款何时才能还完呢？我不免叹息。但是，如果税后能够剩下300万日元利润的话，不是只要

3年就能还完了吗？就是说，第一年的利润率是10%，如果把它提高到20%，问题不就可以解决了吗？

当我意识到这一点时，其实，这就成了京瓷高收益的起点。

当第一个年度决算结束的时候，我想到，为了尽快归还贷款，一定要做出20%左右的税前利润率，我有了这种强烈的愿望。为了早日还清贷款，无论如何非创造高收益不可，我一味地这么想，我的这个想法非常强烈。

当时，我觉得缴税太可惜了，好不容易做出300万日元的税前利润，其中竟有一半要缴税，真让人痛惜。我甚至感到愤慨："国家这个东西真像历史剧中描绘的恶劣的地方领主，利用税金无情压榨我们百姓，令人憎恨也是理所当然。"

"我们一身臭汗，拼命努力，赚来的辛苦钱，国家什么忙都没帮，却要用税金的方式堂而皇之拿走一半。与其如此，这钱还不如我们自己来花。购买新设备，多花交际费，给员工多发临时奖金，想出各种方法来削减利润。"

这种场合，本来是觉得缴纳那么多税金实在让人心痛，所以企图尽可能少缴，但是不期而至的却是利润的减少，结果变成了经营者自己在期望低收益。出发点是认为高税率太过分，只是想要逃脱税赋，而绝不是期望低收益。但因为经营者对征税抱有抵触心理，结果就导致了企业的低收益经营。

而我只是一心想赶快归还借款，虽然这个意图强烈，但却没有想到要逃税，也不搞盲目投资，也没有急于把赚的钱分给董事和员工，只想留下更多的利润，这样的话，只要花三年就能还清贷款，我只是抱着这么一个朴实的想法。

这种想法和做法，就是京瓷成为高收益企业的起点。此后，京瓷随着销售额的顺利扩大，持续保持了两位数的利润率。

就这样，通过经营京瓷公司，我确立了信心：企业必须实现高收益。

为什么企业必须实现高收益

下面我就"为什么企业必须实现高收益"这个命题，逐一进行说明，我所讲的每一个理由都是我在京瓷的经营实践中所学到的、领悟到的。

第一个理由：就是为了"强化企业的财务体质"

前面谈到，我忌讳向人借钱，为了归还创业初期的贷款，京瓷以高收益为经营目标。但是事实上，在贷款全部偿还以前，因为订单快速增加，又需要新的设备投资，所以又接受别的银行的融资。因为在创业后的一段时期内，京瓷还没有充足的内部留存。

但当时，在还款计划方面我们有了一点智慧。最初借贷的1 000万日元如何归还；另外，新的设备投资获得的融资，如何通过别的途径归还；后面继续发生的别的设备投资又如何利用融资归还。每个项目的贷款还款联系起来考虑，好像组编一辆前后车厢连贯的列车。

而且，对每次新设备投资需要增加的融资项目进行管理，好比铁路管理员制定安全运行时刻表一样,让多趟列车在铁路上有序行走。之所以能够进行这种管理,就是因为在我的头脑中有尽快归还贷款的强烈的意识。

由于持续获得高收益,在京瓷创业 10 年之后,我们终于基本上实现了无贷款经营。而且在那以后,京瓷依然持续快速成长发展。

这种成长发展的模式,不是随着销售额的增长贷款额也不断膨胀的那种不健全的方式,而是在无贷款状态下的成长发展,而且是在内部留存年年增加、充裕的财务体质不断增强的状况下获得的成长发展。在实现企业快速成长的同时持续无贷款经营,可以说,这是以高收益为前提的一种经营艺术。

实现高收益,就可以偿还贷款,实现无贷款经营,还可以增加企业内部留存,提高自有资本比例。同时,高收益还能增加现金流,增加用于设备等方面的投资资金。就是说,高收益可以强化企业的财务体质,使企业可以持续稳定健康发展。

这样,企业财务体质的强化就会带来企业健康稳定的发展。而为了做到这一点,企业必须实现高收益。这就是"为什么企业必须实现高收益"的第一个理由。

第二个理由:"为了在今后相当一段时期内使企业经营处于稳定的状态"

创业后不久,京瓷进入持续高增长时期,与此同时,因为日本经济也迎来了高速增长期,所以企业员工的工资也快速增加。

这种工资增加的速度,在现在是很难想象的。有的年份,人工费增长率高达 30%。在上海这个地方,现在工资以 10% 以上的速度持续增长。当时的日本也是这样,相当一个时期内平均每年涨薪 10%。此时,有一件事引发了我的思考。

当时,日本的大企业一般的平均税前利润率都在 3% 到 4% 之间,达到 5% 至 6% 就被认为非常优秀了。尽管是在这种情况之下,各个企业员工的工资上涨率每年仍达 10% 左右,有的年头人工费上涨率高达 20% 至 30%。

当时,就制造业来说,就算好的企业,人工费也要占到销售额的 30%。在这种公司里,如果年工资增长 10%,因为人工费占销售额的 30%,所以人工费上涨 10%,就意味着在销售额中所占的人工费比率上升 3%。

世上的企业经营者们都会拼命努力,在工资上涨的浪潮中求得生路。看到许多利润率只有 3% 的企业,我就会想:"今年工资上涨了 10%,这些企业恐怕会跌落为赤字吧!"但是,这一年,这些企业仍然做出了 3% 的利润。到第二年,"今年又要涨 10% 的薪金,那个企业肯定挺不住了",我这么想,但那企业又保住了 3% 的利润率。

这个现象让我觉得不可思议。果然,人到了火烧屁股的时候都会拼命努力。

最低也得保证 3% 的利润,因为具备这种意识,所以看到可能落入赤字,就会拼命努力,无论如何也要做出 3% 的利润。第二年因为工资又要涨 10%,如果听任不管就会跌入亏损,所以拼命改进,努力搞合理化,结果仍能赚取 3% 的利润。

这就是所谓火灾现场的爆发力。无论怎样都不能跌入赤字，这样努力的结果是勉强维持了盈利。但是，如果税前利润能达到20%，那么即使人工费上升3%，仍能确保17%的利润率，这就可以使经营处于安全状态。我就是按照这种思路努力保持企业的高收益。

关于这个问题，当时我对员工们做了如下说明：

"实现高收益，就能从容应对未来人工费的上涨，就是能保证消化掉今后一段时期内成本上升的因素。比如有15%的利润率的话，那么即使每年人工成本增加3%，哪怕不采取任何特别措施，也有余力承受五年的工资上涨。换句话说，所谓利润率，是表达承受能力的一个指标，就是承受今后费用增加的能力。"

在企业经营中，有没有余力或耐久力来承受未来成本增加的负担，其指标就是利润率。高收益，就是表示承受这种负担的余力的大小。

还有，在因景气恶化带来销售额下降的情况下，当然收益也会减少。如果企业是高收益，就具备了承受这种景气变动的耐久力。即使发生某种程度的景气恶化，企业也不会轻易跌入赤字。从这个意义上说，高收益也是必要的。

实际上，在过去的石油危机和日元升值危机，以及不久前发生的雷曼金融危机等情况下，在销售额大幅下降的时候，从整个年度决算来看，京瓷也从没陷入过赤字，而是顺利地度过了萧条期。员工们也无须担心遭到解雇，能够安心地投入工作。

京瓷就是这样，自创业以来的56年中，从来没有出现过一次决算赤字,企业经营一直处于稳定的状态。

综上所述,让今后的企业经营能够稳健发展,就是必须实现高收益的第二个理由。

第三个理由:"以高分红回报股东"

做出了利润,从中缴纳税金,缴税后剩下的利润留在公司里。如果用作内部留存,就可以提高自有资金的比率,同时偿还贷款,或用于设备投资。这是我前面讲到的。

如果没有必要进行设备投资,也不需要用钱偿还贷款,那么就可以给股东分配更多的利润。

这与原来的资本主义的思维逻辑是一致的。高收益的公司缴税后剩余的利润可用于高分红。这种分红所得可以远远超过银行存款利息。就是说,买进高收益企业的股票,就能获得更高的分红回报,这本来就是股份公司应该追求的目标。

这就是所谓正统的资本主义。提高资本的回报率,确保稳定的股东。这是在以股份公司为基础的资本主义经济中企业经营应该追求的目标。我认为这也是体现股东价值的经营。

通过高收益,"以高分红回报股东",这就是实现高收益经营的第三个理由。

第四个理由:"通过提升股价回报股东"

刚才讲到,企业实现了高收益,就可以用高分红来回报股东,这是最基本的思想。如果每一年都能实现高收益,业绩持续走好,还可以通过提升股价来回报股东。

就是说,企业业绩持续走高,这个企业的形象、稳定性以及未来的发展性,在股票市场上就能获得很高的评价。这种评价作为这个企业的标志,一定会在股价上体现出来。

如果股价上升,卖出股票的股东就能赚钱。同时,对保有股票的股东也是有利的,他们的账面浮盈就会增加。

因此,企业业绩良好,就可以"通过提升股价回报股东"。这也是企业必须实现高收益经营的重要理由之一。

第五个理由:"增加事业发展的选项"

如果实现了高收益,那么在支付了税金以后,仍能留下充裕的利润。用好由这些利润积累的丰厚的资金,有利于开展企业的多元化经营。

比如,对于京瓷而言,我考虑到,如果仅仅依靠精密陶瓷这一项事业,将来公司的发展将会受到限制。所以从20世纪70年代初期到中期,京瓷的事业接连向切削工具、再结晶宝石、人工牙根、太阳能电池等不同领域、不同行业展开。这种事业的多元化,对现在京瓷的销售额贡献巨大。但当时之所以能够开展这些新事业,都要归功于京瓷的高收益经营。

特别是太阳能电池,从研发开始,长达30年的时间内连续亏损。能够承受这么长时间的亏损,而且在亏损的情况下还能够持续投资,就是因为京瓷通过高收益经营获得了充裕的资金,建立了健全的财务体质。

为了让企业能够长期成长发展,不管怎样都必须开辟新的事业领域。但是开辟新事业的道路不可能总是一帆风顺。特别是开始时几乎都会出现赤字。要负担这个赤字,并将新事业继续下去,如果企业不是高收益,就不可能承担新事业亏损期间的经济负担。

世间常说:"穷困带来愚钝。"如果因为本行是低收益,没有利润,就想开展新事业,从新事业中找出路,那结果往往招致更大的赤字,乃至置企业于死地。这样的例子不胜枚举。

但是,正因为本行是高收益,就可以开辟新事业,踏上充满荆棘的道路,并在这路上一直走下去,走向新的成功。

像这样,因为高收益,就可以谋划展开新事业。这就是企业必须实现高收益的第五个理由。

第六个理由:"通过企业并购,谋求事业的多元化"

京瓷因为长期维持高收益,内部留存不断增加,现在整个集团能够自由使用的现金存款高达 6 000 亿日元。手头可流动的资金足够丰厚。使用充裕的自有资金,想要并购企业或事业就会变得很容易。

要想收购某个企业或某项事业,如果储存了足够的自有资金,就不需要从银行借钱,这样在需要出手时就能够出手。而且,从收购后开始到做出成果为止,往往要花费很长的时间。在这种情况下,如果靠贷款来收购企业,包括支付利息在内,企业就会背负很大的风险。

这样的实例,可以举出第二电电,就是现在的 KDDI 创业的故事。当然,创建第二电电不属于企业并购。但是,同刚才所举的太阳能发电的商业模式,就是从研发开始,一步步培育的新事业相比,一口气投入大量资金,一下子将事业展开,从这个意义上讲,创建第二电电同 M&A(企业并购)相类似。

20 世纪 80 年代,日本的通信行业迎来了新的时代,曾经是国营企业的电电公社改名 NTT,要实行民营化,同时允许新的电话电信企业参与通信事业。这时候,我就考虑以京瓷作为母体,创立第二电电这个公司。

"高度的信息化社会必将到来。必须通过导入竞争原理,将居高不下的通信费用尽可能降下来,借以减少国民的通信费用。不这么做,日本就不可能成为真正的高度的信息化社会。"

就是基于这种思考,我决定参与通信事业。就是说,我相信,只要通过正当的竞争,通信费用一定会降下来。

但是,在正式举手参与之前,我花了整整半年时间自问自答,"动机善吗?私心无吗?"我严肃叩问自己的参与动机是不是出于自利私欲。在确认了自己的想法中没有虚假的成分,确信自己真的是为了国民的利益后,我才决心出马参与通信事业。

当我决心已定,在京瓷的董事会上征求大家意见的时候,我说了下面一段话:

"做这项事业风险很大。但是,我无论如何都想要创建第二电电。如果这项事业无法顺利走上轨道,给京瓷带来损失和负担,我请求各位允许我为这项事业付出1 000亿日元的代价。限度是1 000亿日元,作为风险资金,如果花费了1 000亿日元事业仍然不能成功,我就会放弃这项事业,从这个项目中洁身撤退。但是希望你们同意我来使用这1 000亿日元进行挑战。"

因为第二电电的经营要由京瓷来提供资金保证,所以如果第二电电这个事业走入死胡同,京瓷就必须承担损失。

第二电电如果失败,拿出来的1 000亿日元就全部化为泡影,那么京瓷的年度决算上就要损失1 000亿日元。这样的话,即使陶瓷本行做出200亿日元的利润,两者相减,仍然会在决算表上出现800亿日元这么庞大的赤字。

但是,当时的京瓷已经持有1 500亿日元的内部留存,即使损失,也不过是在过去储存的资金中减少1 000亿日元,不会导致京瓷公司的破产。即使新事业失败,京瓷仍然保有500亿日元的现金,而且作为本行的精密陶瓷的相关事业仍然保持着高收益的状态。

就是说,只是在一年的决算中出现了庞大的赤字,从第二年开始,一如既往,仍然能够做出15%乃至20%的利润。可以将损失造成的影响控制在最低的限度。虽然会蒙受一年亏损的污名,但完全不会动摇京瓷的根基,不会影响京瓷的发展前景。所以我在董事会上提出:"希望在现在储存的资金中拿出1 000亿日元让我来进行挑战。"

如果京瓷不是高收益企业,只是低收益企业,过去花了好几十年的时间,好不容易才积累了1 500亿日元,而这1 000亿日元泡汤，那么影响之大就不限于这一年出现庞大的赤字，而且往后仍然会拖京瓷的后腿，甚至影响京瓷公司的本体。所以，如果是低收益企业，无论你燃起多么崇高的理想，也不可能痛下决心，创建第二电电，参与像通信事业这种规模的新型事业。

创建第二电电确是某种程度的冒险，但我之所以敢于踏出冒险性的一步，就是因为京瓷是高收益企业，而且由于过去持续的高收益，积累了丰厚的内部留存，建立了值得自豪的健全的财务体质。

创建第二电电，在日本战后企业经营史上，可以写下浓重的一笔。之所以能够做出如此重大的判断，其理由并不是我具备特别的勇气，而是因为京瓷通过高收益有了雄厚的储备。如果缺乏高收益这个条件，绝不可能做出如此重大的决断。

在我的哲学中，有一条叫作"在土俵中央相扑"，就是说在赛台的中央就要发力，被逼到土俵的边缘时再使出全力，这样的经营就很危险。不管什么时候，都要置身于土俵正中，在安全的状况下确凿取胜，这就是我力图达到的境界。

参与第二电电，就是在"在土俵中央"一决胜负。乍看起来，好比唐·吉诃德挑战巨大的风车，给人一种莽撞无谋的印象。大家或许都认为，背负那么巨大的风险，进行那么愚蠢的挑战，实在是"太危险了"！然而，对我来说，那不过是"在土俵的中央"战斗而已。

本行一直维持在 20% 左右的高收益的状态，只是在现有的存款中拿出 1 000 亿日元用于挑战新事业。所以，绝对不会对本行造成致命的损伤。这其实是在资金充裕状态下的非常安全的竞争。但是,也正因为京瓷是高收益企业,才有可能进行这样的挑战。

世间都认为我的行为是有勇无谋的挑战。但实际上,这1 000亿日元并没有用完,而接着就是一个成功接着一个成功,一直发展到今天的KDDI这样的规模。

当时京瓷投下的资金,现在作为KDDI的股份,时价已超过7 000亿日元。而且京瓷获得的投资分红也非常之高。

另外,KDDI自身也持续顺利发展,现在的销售规模已逼近5万亿日元,已经成长为值得自豪的日本屈指可数的通信运营商之一。

就这样,正是依靠高收益,才能大胆地开展事业,实行企业并购,参与创建第二电电这样的壮举。这就是企业必须实现高收益的第六个理由。

以上,围绕"为什么企业必须实现高收益"这个问题,我依次列举了六条理由。就我自己来说,这六条绝不是我经营企业一开始就能够理解和归纳的经验。现在回过头来分析,从创立京瓷公司开始,遭遇了种种问题,在痛苦烦恼中,在反复思考中,我慢慢确信了企业经营必须要实现高收益。此后,我就一直千方百计实践这一条。

利润率要达到多少才算高收益

关于"为什么企业必须实现高收益"这个问题,我想大家已经有所理解。因此，下面我想讲的是：究竟要把利润率做到多少，才算实现了高收益的目标。

在京瓷，创业第一年的税前利润率大约是10%，不久后达到15%、20%，最高时接近40%。那么，税前利润究竟要达到多少，才可称之为高收益企业呢？

这里稍微说一点题外话。当时的京瓷，研究开发的精密陶瓷材料，是世界上从未有过的新东西。这种崭新的材料接二连三地问世。

就是说，做出过去没有过的与电子产品相关联的新材料。客户"希望有这样的绝缘材料"，但世上却没有。我就针对客户的需求，接二连三开发新材料，以供客户使用。

就是说，因为是只有京瓷才做得出来的独创性的产品，所以在与客户商定价格的时候，我就与对方搞研发的人一起商讨。"我们提供的绝缘材料定这个价，客人用此材料制造的产品就可以卖这个价"，因为明白这个行情，对方会说："你们做的材料如果定这个价格，我们就会买。"当时定价就这么简单，因为市场上没有与我们竞争的产品。

因为只此一家，只有我们能做，所以只要钻研创新，就可以做出很高的利润。从这个意义上可以说，京瓷处于一个非常有利的、比较特殊的环境。

但是，我在这里要讲的是，一般的企业，做出多少利润率才算高收益企业。关于这个问题，至今没有人提供过答案。

当然，行业不同，利润率也不同。某个行业整体的利润率较高，某个行业整体的利润率较低，根据行业的不同，利润率也各不相同。

过去有一个时期，日本开发游戏软件的公司是高收益企业的典型。当某个游戏软件风靡热销时，企业就会获得高收益，利润率可以高达40%、50%，但反过来，如果滞销，卖不动，销售额极低，而开发费用昂贵，一下子就会跌入亏损。所以，生产游戏软件的公司要保持高收益并不容易。

那么，究竟多高的利润率才是高收益企业呢？

我一开始就讲到，京瓷在创业之初，由于拼命工作，第一年度的利润，很幸运，超过了10%。但是，过了不久，我就开始思考一个问题，"作为生产厂家，究竟多少利润率才是正确的、合情合理的？"

当时，日本大型电器厂家每年的利润率大体都在3%至4%之间，无论怎么考虑，我总觉得这样的利润率未免太低了，我认为这么低的利润率很难保证企业经营安定稳健。那么，适当的利润率究竟应该是多少呢？苦思冥想，我突然想到的是银行利息。

现在日本银行的贷款利率非常低，不到1%。但是当时日本银行的贷款利率超过现在中国大银行的5%，达到6%至8%。记得是创业后还不到10年的时候，我和某都市银行京都分行行长成了好朋友。应该是我想获得贷款，接待他的时候吧，我说："银行可是一个赚钱的行当啊！轻轻松松就能挣到很多钱吧！"我说这话时不太客气，或许有点失礼。

我这么讲，一般情况下，对方都会马上否定："不是那么回事啊！"不料，这位行长是一位很有个性的人，他说实话："是啊！

稻盛君，原来你也是这么想的啊！"接着，他甚至这么说："如果开银行不需要国家的许可，我自己个人也想干。世上可没有这么容易赚钱的买卖啊。"

实际上观察一下银行，就像用水老鸦（鸬鹚）捕鱼的渔夫，在金钱上系一根绳子，放金钱出去游泳，只要每年一次将绳子拉回，金钱就会带着利息归来。但是，我们制造业却十分辛劳，要使用人、财、物，要动脑筋、想办法，发挥聪明智慧，好不容易才能挤出一点利润。

另外，制造业必须由人从早到晚拼命工作。而银行不是让人，而是让借出去的钱不分昼夜，24小时不停地运转，以钱生钱，不用人手，只要让金钱游来游去就行了。真是轻松赚钱的买卖。

当然，并不是说银行什么都不干，一切都坐享其成。如果贷款不当，收不回来，会变成呆账。所以必须选好贷款对象，必须对融资进行严格审查，不能说银行不需要干事。但尽管这么说，与生产厂家付出的努力相比，银行不那么努力就能赚钱，这也是事实。

与这样的银行相比，制造业要动用人财物，要使用智慧，要调动所有的经营资源，拼命努力却只能获得3%至4%的利润，比当时的银行的贷款利息还要低。这简直是荒唐，我当时真的就是这么想的。

例如，做100亿日元的生意，作为生产企业，要安排调整所需的设备，要购进原材料，要使用电力、燃气等能源，要花工夫制造出产品，要到市场上推销。如果销售额是100亿日元，涉及这么广范围的一个事业，结果利润却只有3%至4%。另一方面，银行只要把100个亿贷给一家企业，然后什么都不干，在当时那个年代，只要这么做，就可获得6%至8%的利润。这么一比，也未免太不合理了。

"人的劳动难道不应该更尊贵、更有价值吗？上述社会惯例难道不是对我们从事产品生产的制造业者的侮辱吗？我们是干技术的，我们的工作价值应该得到更高的评价。与那些单靠借钱给人就能赚钱的人相比，我们至少获取2倍、3倍的利润也毫不足怪。而实际上，我们就给社会提供了这种价值。通过科学技术，通过娴熟的技能，我们不是持续在给社会提供新的价值吗？"这样的想法，在我头脑里非常强烈。

再拿我参与重建的日本航空这样的航空企业来说，情况也一样。仅从现场来说，从柜台业务到机场的地面服务，从机长到乘务员，还有飞机的修理维护保养，这么多人参与的事业，结果却没有利润，或者利润少得可怜，那就没有什么意义。

但是，有人却唱反调。当日航达到了高收益时，有人冷言冷语，说那是不正当的利润。针对这样的谬论，我对日本航空的干部们这么说："他们讲的不对！我们投入了经营资源，发挥了聪明才智，尽心尽力，运用各项技术，彻底保证安全航行，给客人提供了高附加价值的服务。作为我们辛苦努力的结果，我们获得了正当的利润，这难道有错吗？"我们就要这么堂堂正正说话。

实际上，日本航空在重建的第一年，就取得了1 800亿日元，第二年取得了超过2 000亿日元这一日航历史上最高的销售利润，并再次上市。此后，2013年3月期是1 900亿日元，2014年3月期获得了超过1 600亿日元的销售利润。在低收益的航空界保持了利润率10%以上的高收益体质。

假如处于竞争原理不发生作用的垄断状态，用不适当的高价格获得不正当的高利润，那就应该指出这是不公平。但如果不是这种情况，而是在世界性的竞争中，通过提供优质的产品和服务获得高收益，那么，对于这样的企业或商人反而应该授予勋章，而不是加以谴责和非难。

基于这样的观点，京瓷公司的销售利润率，自创业第一年的10%开始，一路上扬，如我刚才所言，达到15%、20%，最高时接近40%。虽然现在回落到了10%左右，但是，在销售额超过15 000亿日元的企业中，利润率保持在10%左右是罕见的，是属于收益性很高的一族。

就从这个意义上说，我觉得我能从事制造业是幸运的。虽然制造业很辛苦，困难很多，但在其成本中，有材料费、人工费、水电瓦斯费等诸多的经费。若想创造出更多的附加价值，可以削减节省的要素很多，只要肯下工夫，钻研创新，改进的余地很大。就是说，只要发挥聪明才智，提升多少利润都有可能，这就是制造业。

但是，实际上，利润率超过10%的制造业在日本并不多见，利润率高的至多也不过6%至7%，大多数企业的利润率都在3%到4%左右徘徊。

为什么利润率停留在这么低的水平上呢？这是因为有一种固定观念在作怪，"这个行业也就这么个利润率，这是行情"，人们对此深信不疑。就是说，是经营者的心阻碍了自己做出更高的利润。

"最低也要做出10%的利润！"如果这么说，一定会有人提出异议："这样的目标，在我们这个行业太难了！"这样，他自己就把自己的可能性抹杀了。

在盛和塾，我平日里就强调："不管什么行业、什么产品，既然干事业，那么最低也要做出10%的利润率，否则就称不上是什么企业经营。"

受到我讲话的影响，许多塾生在不知不觉中就形成了一种想法："必须把利润率提高到10%。"因为经常这么想，这个想法进入了深层心理，所以当利润率低于10%的时候，在无意识中，他们就会做出努力，让利润率接近10%。人的心理给予经营的影响就是如此之大。

或许有人认为，一个人心里描绘什么，对利润率不会产生什么影响。但这是不对的。"有3%、4%的利润率就足够了！"有这么思考问题的经营者，也有经营者认为"利润率必须提到10%"，这两种经营者，他们所"居住的世界"完全不同。

"必须把利润率提高到10%。"一旦这个想法进入深层心理，那么当利润率低于10%的时候，他就会不舒服。过去住在利润率3%、4%的世界里很舒服。但一旦跳出这个世界，意识到"利润率必须提到10%"才行，那么他就会对3%、4%的利润世界感到不满意、不舒畅，再也不愿意回去了。

因此，人的心的状态如何、意识的状态如何，决定了实际上的利润率的高低。再次重复我在盛和塾里的老生常谈："必须把利润率提高到10%以上。"只要心里这么想，那么，经营者"居住的世界"就会在不知不觉中发生变化。

再加上怀抱强烈的愿望，以洞穿岩石般的坚强的意志，以一气呵成的声势，朝着高收益的目标努力奋斗，那么，就更可能以戏剧性的方式改变自己"居住的世界"。而且，一旦"居住的世界"发生改变，尔后只要付出通常的努力，就能在那个新世界里长期居住下去。

这个问题用人造卫星来做比喻就很容易理解。为了使用火箭把人造卫星发射到宇宙空间，必须克服地球引力，所以需要巨大的能量。然而，卫星一旦到达宇宙空间，进入运行轨道，那么，在那之后，在外界提供的能量接近于零的情况下，卫星依然会以飞快的速度环绕地球持续运转。

只要投入与发射人造卫星时同样的惊人的能量，就能够戏剧性地改变"居住的世界"。而一旦"居住的世界"发生变化，尔后只要付出与过去一样的、普通一般的努力，就能够维持高收益的状态。

而这能不能做到，完全取决于经营者有没有强烈的愿望。首先，经营者自己要从内心深处具备"自己的公司无论如何也要实现高收益"这一愿望。

如果经营者在企业经营中缺乏实现高收益的强烈愿望和坚强意志，那么，不管使用什么技术技巧，都难以提升企业的利润。这里需要的所谓愿望不是普通一般的希望，而是无论如何非要实现不可的、发自心底的强烈的愿望。

在各位塾生中，如果现在还有人在低收益的状态中苦苦挣扎的话,希望你们一定要抱有强烈的愿望和意志,通过一气呵成的努力,走进高收益的世界,改变你们所"居住的世界"。

持续高收益经营所得的利润,正如我今天所述,可以巩固企业经营的基盘,为股东做贡献,为事业的进一步发展打好基础;而最重要的,为了实现员工物质和精神两方面的幸福,高收益也是必不可缺的条件。

我经常在盛和塾里对大家说:"哪怕是雇用5名员工、10名员工,为维持包括他们家人在内的大家的生计,这就不是一件容易的事情。"在这个社会里生活的人,即使是维持自己个人的生计,养活自己的家庭,都得伴随相当大的劳苦艰辛。每个人为了自己的生存不得不全力以赴,没有闲暇去照顾别人。这么说也不过分吧。

但是,明知世道艰辛,各位经营者还是雇用了众多的员工,为了员工和他们的家庭,每天都拼命工作,努力经营。不是为自己,而是为员工,不辞辛劳,不惜汗水,不断提升企业利润。我认为这本身就是非常了不起的"利他的修为"。

不管哪个国家,一般来说,所谓企业,本身就是以追逐利润为目的的利己主义的组织,大家都抱这种观点。但是,我们经营企业的目的,归根到底是要追求员工物质和精神两方面的幸福,并为人类社会的进步发展做出贡献。在这种崇高的大义之下,为了让企业永续发展,就必须实现高收益。

我们要有这种自觉,怀着自豪感,挺起胸膛,全身心地投入企业经营。

我相信,每一位经营者的这种献身精神,不仅可以让企业持续发展,还可以给中国人民带来物质和精神两方面的幸福,并促使中国经济健康发展。

最后,我衷心祈愿,上海这座全世界的经济都市持续繁荣昌盛。

把萧条看作再发展的飞跃平台
——在稻盛和夫经营哲学沈阳报告会上的讲话

由稻盛和夫（北京）管理顾问有限公司和沈阳盛和塾共同举办的"稻盛和夫经营哲学沈阳报告会"，有这么多的中国企业家朋友参加，还有不少日本盛和塾塾生赶来参加，请允许我表示诚挚的感谢。

从2010年开始到现在，在这个经营哲学报告会上，我分八次在中国各地系统地讲解我的经营思想和经营方法，这是在长达半个世纪以上的经营实践中，我亲身体悟的心得。

今天，在上述连续八次讲话之后，我想以"把萧条看作再发展的飞跃平台"为题，展开今天的话题。

现在，中国经济仍然在以接近7%的速度增长。但是，与过去每年两位数的高速增长时期相比，增速已放缓，可以说已经迎来了产业结构的转型期。

特别是沈阳乃至整个中国东北地区，过去作为钢铁、石油、煤炭等重工业的基地，在中国经济增长中曾起着重要的作用，但是随着产业结构的转变，据说直接受到了经济增速放缓的影响。

把增速放缓看作萧条,怎么积极应对,这对于实现经济的再次腾飞,是非常重要的。

再把目光转向国外。由于英国脱离欧盟而引起的世界金融市场的混乱,以及对欧洲政治不稳定的担忧,世界经济下行的风险加大。今后,在前景不透明的世界经济中,什么时候会发生像雷曼危机时期相同的经济萧条也未可知。

就是说,在对付现实萧条的同时,为了准备可能降临的更严重的经济萧条,如何把握好正确的经营之舵,正是我们企业经营者面临的课题。下面就有关这个问题,结合我长期以来的思考,以及我实际采取过的措施,以"把萧条看作再发展的飞跃平台"为题,展开我今天的讲话。

首先,有一点希望与大家取得共识,就是要以积极开朗的态度去突破困境。萧条越是严重,我们越是要咬紧牙关,坚韧不拔,下定决心,无论如何也要闯过这道难关。决不悲观,必须以积极开朗的态度应对难局。在这基础之上,重要的是要认识到"萧条是成长的机会",企业就是应该通过萧条这样一种逆境来谋取更大的发展。

实际上,我经营的京瓷公司就是如此。京瓷今年迎来了创立57周年,而在这57年间京瓷没有出现过一次年度亏损,实现了企业顺利成长发展的目标。但是回顾这半个多世纪的历史过程,我们曾遭遇过多次严重的经济萧条。

20世纪70年代的石油危机,80年代的日元升值危机,90年代的泡沫破裂危机,21世纪初的IT泡沫破裂危机,以及不久前的雷曼金融危机,我们经历了各种各样的经济萧条。

每次面临萧条，作为经营者的我总是忧心忡忡，夜不能寐。但是，为克服萧条不懈努力，每一次闯过萧条期后，京瓷的规模都会扩大一圈、两圈。从这些经验当中，我坚定了"应当把萧条视为成长的机会"这样一个信念。

企业的发展如果用竹子的成长做比喻的话，克服萧条，就好比造出一个像竹子那样的"节"来。经济繁荣时，企业只是一味地成长，没有"节"，成了单调脆弱的竹子。但是由于克服了各种各样的萧条，就形成了许多的"节"，这种"节"才是使企业再次成长的支撑，并使企业的结构变得强固而坚韧。

将萧条视作机会，重要的是在平日里打造企业高收益的经营体质，高收益正是预防萧条的最佳策略。

为什么呢？因为高收益是一种"抵抗力"，使企业在萧条的形势中照样能站稳脚跟，就是说企业即使因萧条而减少了销售额，也不至于陷入亏损。同时，高收益又是一种"持久力"，高收益企业有多年积累的、丰厚的内部留存，即使萧条期很长，企业长期没有盈利，也依然承受得住。另外，此时还可以下决心用多余的资金进行设备投资，因为萧条期购买设备比平时便宜许多。

像这样，在萧条到来之前，就应该尽全力打造高收益的企业体质，这才是经营。平时没能实现高收益，遭遇萧条，必须坚韧不拔，千方百计去克服萧条。但是，经营者本来应该思考的是萧条之前的准备工作。虽然萧条往往突如其来，但是作为应对萧条的预防策略，平日里有没有实现高收益经营，这是首先要提及的问题。

从这个意义上讲，我在公司内外总是强调"没有10%的销售利润率,就算不上真正的经营"。

萧条出现,首先是客户的订单减少,对制造业来讲,就是没有活干,可卖的产品减少,由此销售额降低,比如本来卖100个的现在只能卖90个,利润当然会减少。

但如果平时维持10%的利润率,即使销售额下降10%,照样可以盈利。不!就是销售额下滑两成,企业仍然可以保证有一定的利润。只有当销售额下降30%、40%时,才可能出现赤字。

因为利润率高意味着固定费低,销售额多少降一些,利润只是减少而已。如果企业利润率达到20%、30%,即使销售额降去一半,企业仍可盈利。

就是说,一个高收益的企业即使遭遇萧条,销售额大幅下降,仍然可以保持一定的利润。这意味着企业的基础非常稳固。

事实上,在京瓷半个多世纪的历史中,我们虽经历过因萧条而销售额大幅下降的情况,但从来没有出现过一次年度亏损。

1973年10月第一次石油危机冲击全世界,受其影响,世界性的萧条波及京瓷,1974年1月,京瓷的订单每月有27亿日元,但到了同年7月,骤减至不到3亿日元。

就是说,仅仅在半年之内,月销售额减到了十分之一,即使遭遇如此急剧的景气变动,这一年京瓷依然没有出现亏损。

这是因为京瓷具有独创性技术,能批量制造当时谁也做不了的新型陶瓷产品,而且平时又贯彻"销售最大化、经费最小化"的经营原则,利润率超过了值得自豪的30%。

形成高收益的企业体质还可以对保证员工的就业做出贡献。

在石油冲击引发大萧条的时候，连日本的大企业也纷纷停产，解雇员工，或让员工歇业待岗。此时京瓷在保证所有员工正常就业的同时，仍然确保产生利润。

同时因为通过高收益获得的利润作为企业内部留存不断积累，哪怕企业因萧条而陷入亏损，在相当时间内，即使不向银行借款，不解雇员工，企业照样挺得下去。

之所以能够不断积累企业内部留存，是因为我本来就属于谨慎小心又爱操心的那一类人。"一旦遭遇萧条该怎么办呢？"我一直忐忑不安，也正因为如此，我经营企业就格外努力，所以，即使处于石油危机的漩涡中心，在公司的安全性方面我仍有足够的自信。

经济不景气，员工就会动摇。当时我充满自信，我这样说：

"请大家不要担心，即使大企业也因不景气接连破产，然而我们京瓷仍然可以生存，哪怕两年、三年销售额为零，员工们照样有饭吃，因为我们具备足够的储备。所以大家不必惊慌，让我们沉着应战，继续努力工作。"

我用这些话来稳定军心，这话既不是谎言也没有夸张，事实上当时京瓷确有足够的资金。

京瓷从创业以来一直到今天，持续这种脚踏实地的经营，现在京瓷随时可以使用的现金约有7 000亿日元。由于有如此充裕的储备，不管遭遇怎样的萧条都不会很快动摇京瓷经营的根基。

但是，有人对我的经营方针提出了异议，他们看重股东资本利润率，即所谓的ROE。以美国为中心的投资家们有意见，他们认为我上述的经营方针是不正常的。

ROE 就是相对于自有资本能产生多少利润,在重视 ROE 的投资家看来,不管你有多么高的销售利润率,你只是把赚到的钱储存起来,用这么多的自有资金却只能产生这么低的利润,他们就判断为投资效率差。

受他们的影响,不少经营者也开始认为"必须提高 ROE"。因此,将辛苦积攒起来的内部留存去并购企业,购买设备,或通过购买本公司股票后实施退股来减少自有资本,去追求短期利润最大化,使 ROE 达到高值。这样的经营会在美国式资本主义世界受到好评。

京瓷的经营高层在美国、欧洲开投资说明会,总会听到这样的意见:"京瓷的自有资本比例实在太高,而 ROE 太低,存这么多钱干什么呢?应该去投资,应该去使用,好赚更多的钱,给股东更多的回报,这是我们投资家的要求。"

听到经营干部们的汇报,我就说:"完全不必按那些投资家的意见去办。"

当"ROE 高的企业就是好企业"这种观点成为当今的常识的时候,我的意见或许是谬论。但是,我认为,这种所谓的常识,归根到底,不过是短期内衡量企业的尺度。

现在买进股票,一旦升值马上抛出,这样就能轻松赚钱。对于这样思考问题的人来说,当然 ROE 越高越好,但我们要考虑的是企业长期的繁荣,对于我们来说,稳定比什么都重要,企业应该有足够的储备,这样才能承受得起任何萧条的冲击。

就这样,我从很早开始就以高收益经营为目标,并不断积累企业内部留存。这是对付萧条最有效的预防策略，对这一点我深信不疑。

上面讲述了萧条发生之前的应对策略。但当萧条的风暴席卷而来的时候，领导人应该怎样来执掌经营之舵呢？下面依次讲述我思考的应对萧条的五项对策。

萧条对策一：全员营销

萧条时期，全体员工都应成为推销员。员工平时有不同的岗位，平时都会有好的想法、创意、点子，这些东西在萧条时期不可放置不用，可以拿到客户那里，唤起他们的潜在需求，这件事全体员工都要做。

营销、制造、开发部门不必说，间接部门也要参与，全体员工团结一致，向客户提案，创造商机，直到拿到订单，向客户交货为止。这样做，不仅让客户满意，而且当事人本人也能掌握整个商务流程。不仅仅是陪着销售人员跑客户、当助手，而是将自己平时好的想法、创意、点子结合到商品中向客户推销。萧条时期，这件事应该让全体员工都主动思考。

刚才讲过京瓷遭遇石油危机大萧条时就是这么做的。

京瓷平时研究、开发、生产、销售都分工明确，但当石油危机袭来，订单大幅下降时，我就提出建议——"让我们实行全员营销吧！"

号召对营销完全没有经验的现场生产人员"去卖产品"，过去向人打招呼都会脸红的人、只会埋头现场工作的人也要去拜访客户，虽然涨红着脸一头冷汗，但也要壮起胆子努力向客户提出建议："有活吗？有什么可以让我们干的吗？我们什么都干！"这样拼命争取客户的订单。

这样的做法产生了意想不到的成果，一般来说，生产和销售往往是一种对立的关系，比如，订单不多时生产会对销售发牢骚："销售卖得不好。"销售反过来又怪生产"你们没有生产出能畅销的产品"，互相之间会争吵起来。

但是生产人员也去卖东西，他们就会明白营销不容易。由于生产人员也有了销售的经验，生产人员理解了销售人员的辛苦，销售人员会感谢生产人员，这样就会促进两者的和谐，有利于双方更好地配合，更好地展开商务活动。

通过全员营销，大家就会产生一种同感：即使是最尖端技术的企业，卖东西、销售产品仍然是企业经营的根本。

名牌商学院毕业、担任企业重要干部的人中间，有的人到客户那里推销产品却不懂得要低声下气。必须要像小伙计一样，低头搓手道："能不能请您下一点订单呢？"向客户低头恳求，这是做生意的基础。

我常对员工们讲，营销的基本态度就是要当"客户的仆人"，只要是为了客户，我们什么都干。缺乏为客户尽心尽力的精神，萧条期要获得订单是不可能的。

让缺乏这种经历的人当企业的干部，公司很难经营得好。不管是搞生产的还是当会计的，任何部门的人，让他们都经历在别人面前低头讨订单的辛苦，这是非常重要的。

在萧条期让全体员工都懂得要订单有多难，经营企业有多难,特别是营销部门以外的干部,让他们有切肤般的体验是很重要的。

萧条对策二:全力开发新产品

萧条时期全力开发新产品非常重要。平时因工作忙碌而无暇顾及的产品,没空充分听取客户意见的产品,都要积极开发,不仅是技术开发部门,营销、生产、市场调查等部门也要积极参与,全公司团结一致共同开发。

萧条时期客户也会有空闲,也在考虑有无新东西可卖。这时主动拜访客户,听听他们对新产品有什么好主意、好点子,对老产品有什么不满或希望,把他们的意见带回来,在开发新产品和开拓新市场中发挥作用。

现场许多技术开发人员平时就考虑过开发这样那样的新产品,希望有机会向某种新技术挑战,因为太忙总不能着手研发。

比如做糕点的店家,很想使用新材料做些新式点心,但因为老产品一直畅销,平时做老式点心已忙得不可开交。到萧条期,过去的点心不好卖了,手头没活干了,正好机会来了,可以做新的尝试了,可以试做试卖了。萧条期有了空闲反倒可以进行新的尝试,能够发起新的挑战,这时候也应该进行这样的挑战。

同时,萧条期把这些新想法拿到客户那里,因为萧条,客户也没事干,闲得发慌。在仔细听完你的意见后,他们也会提出新的创意。这些会催生意想不到的订单,从而可以更大地扩展业务的领域。

京瓷创业后不久，曾经利用新型陶瓷的特性，生产出用于纺织机械的零件。在纺织机械上，因为纱线高速运行，同纱线接触的零件很容易磨损，用不锈钢做的零件也可能用一天就会因磨损而断裂。这些地方提供硬度高、耐磨性好的陶瓷零件来代替，效果极好。

但到石油危机时，纺织机械一下子滞销，京瓷也断了订单。此时我们就实行"全员营销""全力开发新产品"这两条。

我们有一位营销员去拜访某家渔具制造企业，看见一种钓鱼的渔竿附有卷线装置，其中天蚕丝线滑动的接触部位使用金属导向圈。这位营销员注意到这一点，提出建议：

"我们公司具备新型陶瓷技术，纺织机械在与高速运动的纱线接触的部位，就用我公司耐磨的陶瓷零件。你们渔竿上与天蚕丝线接触的金属导向圈，改用陶瓷试试怎么样，一定非常适合。"

但是渔竿上的导向圈，并不像纺织机械需要长时间的开动，导致纱线不停地高速运转而很快磨损，只是投竿时滑动一下。所以对方回答说："用陶瓷的价格高，没必要用那么高级的东西。"

但这位营销员不死心，为了引起对方的兴趣，不断拜访这家渔具企业，耐心地动员说："用陶瓷零件不仅不磨损，而且可以减少与丝线之间的摩擦系数。"

实际上钓鱼时先要挥舞渔竿让鱼钩飞出去，如果摩擦系数大，丝线滑动阻力大，鱼钩就飞不远。还有一点，金属导向圈在钓到大鱼时，因摩擦力大，丝线会"啪"的一下断掉。

钓到大鱼时兴奋不已，但偏偏在此关键时刻线断了，多扫兴！为什么渔线会断，因为钓到大鱼时，线上突然产生很大的张力，线与圈上压力大增，这么拉着，摩擦生热，就把天蚕丝的渔线熔化了，线瞬间断裂。

渔具企业的领导人听了这位营销员的话就同意试试。先用原来的金属圈，加上负荷用力拉，果然渔线发热断裂，然后换上陶瓷圈，一点问题没有，非常理想。

"就是它了！"渔具企业领导人一锤定音。附带陶瓷导向圈的钓鱼竿在抛竿钓鱼比赛中大获全胜，渔具企业更加信服了。这家渔具企业决定立即采用陶瓷导向圈。

这一新产品对萧条期京瓷的订单、销售额的扩大做出了很大的贡献，而且效益继续扩大，现在凡是高级渔竿，全都用上了陶瓷导向圈，普及到了全世界。这件产品价格虽不高，但直到现在仍对京瓷的经营持续做出贡献。

这个例子说明萧条期开发新产品，并不是手忙脚乱去开发全新的东西，利用自己过去做过的东西去唤起新的需求是完全可能的。在自己公司的技术、产品的延长线上开发出新产品，这是在萧条期应该努力去做的。

萧条对策三：彻底削减成本

萧条时期竞争愈加激烈，眼看着订单数量、单价不断下降，这时仍要维持盈利，就必须彻底削减成本，成本的下降程度要大于价格的下降才行。

但平时在削减成本方面已经做过很大努力，再要大幅削减成本，一般人都认为"太难了，不可能"，但这不对！"认为不可能的时候才是真正意义上的开始！"看似干的毛巾还要再用力绞，要努力彻底削减成本。

人工费不可能随便降低，因此除了提高每个人的工作效率外，一切都要重新审视，各方面的费用都必须彻底削减。

"现在的制造方法真的是最好的吗？有没有更便宜的材料？"对过去的做法从根本上进行重新研究改进，坚决进行全面性变革，这一点非常重要。不仅是制造设备等硬件，在组织的统合、废除等软件方面也要动手术，彻底地推进合理化，坚决削减成本。

萧条时竞争激烈，价格不断下降，在这种价格下仍要挤出利润，必须彻底降低成本。在接近极限的低价格下仍能做出利润，如果能打造这样的企业体质，等到景气复苏，订单恢复时，利润率将会迅速增长。

要努力通过降低产品成本来降低整个企业的盈亏平衡点。即使销售额减半仍能做出利润，如能打造这样的企业体质，当销售额恢复或者上升时，就会实现比过去更高的利润率。

就是说在萧条期，在价格低、销售额低的情况下仍能产生利润，这种肌肉型的企业体质一旦形成，当景气复苏、销售额恢复时，就会成为高收益企业。

萧条期正是增强企业体质的好机会。景气好的时候订单很多，为了完成这些订单已经忙得不可开交。即使想要削减成本，员工们也不会认真实行，但到了萧条期，全体员工都会非常认真，努力降低成本。从这个意义上说，萧条是企业彻底削减成本的唯一机会。

如果这样思考问题，那么萧条降临，企业努力削减成本，这不是迫不得已的、消极的对策，而是企业为了再次飞跃而采取的积极主动的改进经营的对策。

相反，"因为是萧条，亏本也是没办法的事"，束手无策，不积极应对，那么即使景气复苏，也只能取得很少的利润。这种企业的经营只会像走钢丝一样不断地左右摇摆。

抓住萧条这个机会，花心血与员工共同努力，彻底推进削减成本的各种举措，例如，"走廊里的灯只开一半""厕所里的灯不常开，养成随手关灯的习惯"，不断采取切实的措施。看起来似乎是小事，但是与员工一起，一步一步、实实在在地削减经费，这种努力是构建高收益企业最切实有效的方法。

萧条对策四：保持高生产率

必须在萧条期仍然保持高生产率，这点非常重要。

因萧条而订单减少，要干的活少了，如果仍然由过去同样多的人来生产，制造现场的生产效率会下降，车间里工作气氛会松弛。

在这种情况下，应该把多余的人从生产线上撤下来，维持制造现场的紧张气氛。过去花费许多辛苦好不容易提升上去的生产效率，在萧条期如何维持，我曾经绞尽脑汁。

石油危机时就发生过这样的事情。

前面已讲过,当时许多企业解雇员工,当时我考虑无论如何也不能让员工失业,但订单短时间内骤减,如果仍由原有人数来做,就无法维持过去的高生产效率。作业效率一旦下降,再想恢复原有的高生产率谈何容易。

基于这种想法,当时我决定既然订单降至1/3,那么制造现场的人员也减至1/3,剩下的2/3的人员从生产线上撤下来,让他们去从事生产设备的维修、墙壁的粉刷、花坛的整修等工厂环境的美化工作。同时举办哲学培训班,让员工们重新从基础开始学习我的经营哲学,使企业内全体员工掌握共同的思维方式。

就是说,在因萧条而减产时,也决不降低生产效率,不仅要维持高生产率,而且去做平时无暇顾及的环境整理工作,去开展统一组织方向的哲学学习活动,这将成为使企业再次飞跃的推动力。

当然,2/3的人不生产又要把企业维持下去,企业必须有充足的内部留存。打造企业的高收益体质,确保足够的内部留存,才可能应对危机,这点不可忘记。

萧条对策五:构建良好的人际关系

萧条是构建企业内部良好人际关系的绝好机会。

萧条来临,劳资关系往往出现不和谐的声音,景气时彼此都可以说些冠冕堂皇的话,一旦面临萧条的严峻状况,经营者要求严格时,光说漂亮话就不管用了。

比如，企业提出要减少部分工资，平时认为圆满的劳资关系立即变为紧张的对立关系。从这个意义上讲，萧条就是考验劳资关系的试金石。

在困难的局面之下，职场和企业的人际关系受到考验，同甘共苦的人际关系是否真的已经建立，职场的风气、企业的风气从正面受到考验。

从这个意义上讲，萧条是调整和再建企业良好人际关系的绝好机会，应趁此机会努力营造更优良的企业风气，这点十分重要。

我一贯强调，经营企业最重要的事情就是经营者与员工的关系问题。经营者要爱护员工，员工要体谅经营者，互相帮助，互相扶持，必须建立这样的关系。不是资本家和劳动者的对立关系，而是劳资双方持有同样的观点，共同谋求企业的发展，应该形成这样的企业风气。

为此，我总是利用各种机会与员工谈话，努力使大家具备相同的思维方式。我举办酒话会，与员工促膝而坐，在互相干杯之余，进行心对心的坦率交流，求得互相理解。我总是尽可能制造这种与员工交谈的机会。

即使平时做了这样的努力，一旦遭遇萧条，也就不能光说好听的话了。"要更多地干活，经费要进一步削减，但工资不会加，奖金发不出，请忍耐！"对员工而言，有点苛刻的话到时非说不可。

有的经营者以为平时与员工已经打成一片，员工理解企业的经营，与自己同心协力，所以到萧条期就要求员工更加努力，要求员工做出自我牺牲。但想不到员工并不接受，出来抵制，经营者这才意识到企业内良好的人际关系完全没有形成，事实摆在面前，不禁愕然。

萧条这种灾难到来时，本该齐心协力克服困难，但往往就在这时员工却众叛亲离，导致公司分裂，甚至企业崩溃散伙，常有这样的事情发生。

企业里这种人心混乱的征兆稍有显现，经营者就应该认真地反省。与员工重新建立信赖关系该怎么做才好，要与员工坦率地交换意见，自己也要拼命思考这个问题，这点很重要。

景气的时候这些问题不会显现出来，但患难时才见人心。这时对企业内的人际关系不能一味地叹息，而是应该彻底地思考如何改善，如何吸取教训把今后的事情做好。

我想稍微说一说石油危机时京瓷的经验。

当时的日本处于经济的高速增长期，员工工资每年大幅上涨。但遭受石油危机的冲击，我决定从社长开始一直到系长，所有管理人员全部降薪，我是社长，降30%，减得最少的系长降7%。

虽然实施了降薪，但第二年底薪上调的时间迫在眉睫。我在1974年年末向京瓷工会提出了冻结加薪的请求。

因为工会理解京瓷公司劳资是一心同体的，所以接受了我1975年冻结加薪的要求。当时日本许多企业因加薪问题与员工产生矛盾，劳动争议频繁发生。在这种情势下，京瓷却很快协调好了劳资关系，最快公布了冻结加薪的决定。

当时京瓷工会的上级团体批判京瓷工会的决定，并施加压力。但京瓷工会决不屈服，据理力争道："我们劳资同心协力保护企业，从现在企业的环境来看，冻结加薪并不过分。如果你们不接受我们的决定，彼此分道扬镳吧！"京瓷工会毅然退出了上级团体。

我衷心感谢工会，不久随着景气恢复，企业业绩上升，我不仅将定期奖金大幅提高，而且再支付临时奖金。在这之上，1976年我又将1975年冻结的部分加算进去，实施了共22%的加薪，以此来报答员工和工会对我的信任。

就这样，通过萧条的考验，劳资间牢固的信赖关系得到确认，同时，在这期间的1975年9月京瓷的股价超过了长期雄居日本首位的索尼，达到了日本第一。

我认为这也是经营者与员工齐心协力共同经营所获得的成果。同时我坚信，正是靠这种心与心结成的牢固的人际关系才有企业后来的发展，才有了今日的京瓷公司。

我们京瓷公司就因为认真实践了上面讲的一条预防策略和五项对策，不仅克服了多次的经济萧条，而且每一次突破萧条的困境都巩固并强化了企业的经营基础，使京瓷能够顺利成长发展直到今天。

正如开头所讲，当前的世界经济形势，可谓混沌不清、迷雾重重，不知道什么时候世界性的萧条又会袭来。但是前景越是不明朗，越是要回到经营的原理原则，就我刚才所讲的几条，一心不乱地努力实践，我想这应该是很重要的。

正如樱花，冬天越是严寒，春天越是樱花烂漫。企业和个人也是一样，要把逆境作为动力，实现更大的飞跃。

这种情况，我认为，中国东北以及中国其他地区的企业，在迎来经济形势转折的时期，同样也会发生。只要朝着再次腾飞的机会，持续不断地付出努力，就一定能够开拓光明的未来。

我希望，我粗浅的经验、我所讲的应对萧条的各项措施，能够对今天聚集在沈阳这个地方的企业家们有所启示。我希望，引领世界经济发展的中国能够继续稳定成长发展。

企业的自我革新：
从京瓷新产品开发谈起

今天，有这么多的塾生聚集一堂，请允许我表示衷心的感谢。临近年末是一个很好的机会，这时候可以回顾过去一年的经营状况，在认真反省的同时，思考在新的一年里自己企业应该前进的道路，思考下一步的发展方向。

为此，今天，我想以"企业的自我革新：从京瓷新产品开发谈起"为题，来阐述为了实现企业持续成长发展，不断进行自我变革有多么重要。

我们企业经营者，不管属于什么行业，都始终处在激烈的市场竞争之中。特别是随着全球化的进展，技术革新日新月异，在现在这种经济环境下，我们一刻也不能马虎松气，不能安于现状。

哪怕是现在很赚钱的产品，随着市场的变化和技术的进步，或许什么时候就会被淘汰。为了不被淘汰，除了勇于变革，果断进行新的挑战之外，没有别的办法。

企业一旦安于现状，停滞不前，就必然会退步。企业若想持续成长发展，那么，只有自我革新，就是说，除了不断改革自己之外，别无他法。

实际上，回顾京瓷从中小企业到中坚企业，再到大企业的发展轨迹，就可以明白，京瓷的历史就是一部否定现状，面向未来，不断反复进行自我革新的历史。而这种革新的基本内容，就是向被认为不可能成功的、困难的事业进行挑战，创造这个世界上没有的划时代的产品。

创造这个世界上没有的产品

所谓划时代的产品，不是说社会已经有了这样的需求，不是说知道有了既存的市场才去提供这种产品。即使社会还没有这种需求，通过革新性的技术开发，去创造出新的社会需求，开拓出崭新的市场。

这种革新性企业的存在，培育了新的产业，扩展了新的雇用范围，搞活了整个社会的经济。

但是很遗憾，环视现在的日本，这种革新性的企业非常之少。通过革新性的技术开发来改变现有的价值观，创造出席卷全世界的新产品，这样的企业很少，我认为，这是日本经济之所以低迷的重要原因之一。

一般来说，日本企业擅长于改良改善，在现状延长线上的变革很拿手。但是，摆脱现状的、飞跃性的、革新性的创造发明，却不是日本人的长处。这或许意味着，日本原本就缺乏孕育革新性的创造发明的社会风气和土壤。

我们日本人平时推进工作时，一般也是采取所谓自下而上、层层叠加的方式。例如，在开发新产品时，会尽可能收集已有的数据和文献，汇总手头的技术要素，从中探求可能性。我们习惯于这种自下而上、层层叠加的方式。但是，采取这种工作方式，就很难产生超越常识的东西，孕育不出飞跃性的崭新的构想。

企业的自我革新也是一样。企业要寻求变革，要推进引领时代潮流的事业，绝不能在过去的延长线上依赖过去的经验，必须与过去诀别，展开自由奔放的想象。

另一方面，引领世界潮流的欧美企业，它们不是一味收集现成数据和相关技术，而是"应该创造这么一个理想的东西"，就是先创造"概念"，然后，思考为了把这个概念变成现实，需要哪些相关的技术。

我想，相对于自下而上方式，这可以称之为自上而下方式。这里的"自上而下"不是指社长或经营干部从上而下发出指示，而是首先建立概念，由此展开工作。

孕育"革新"的企业风气

但是，这种思维方式在日本社会非常少见，这是现状。在可以自由想象、畅所欲言的会议上，有人提出"想做这样一个新东西"。这时候，其他参会者就会指责他，批评他的想法是多么荒谬。他们会驳斥说："从我们公司具备的技术以及技术队伍的体制来看，你的提议毫无价值，根本不可能实现。"结果，新想法、新建议就遭到扼杀。很遗憾，日本存在着这样的风气，总是否定所谓的"异端发想"。

在诸位塾生企业里如果也存在这种风气的话,你们一定要努力去消除。无论是在开发崭新技术的时候,还是企业本身为了适应新时代而进行自我革新的时候,都要允许所谓的"异端发想",而且要主动听取,积极采纳,要形成这样的公司风气。

如果缺乏这种能够孕育"革新"的企业风气,无论怎么激励大家要"开发新产品",要"开拓新市场",结果都不奏效。新产品不可能顺利开发,新事业不可能顺利拓展。

要不断地孕育"革新",就是说,要持续不断地发挥创造性,具体该怎么做才好呢?关于这一点,我想通过介绍几个京瓷技术开发的事例,与大家一起来认真思考。

创新型企业要从零开始创立新事业,为了谋求与现存企业和事业之间的差别化,那么,理所当然,它就要开发出革新性的产品或服务。如果创新型企业想要持续生存并成长发展,那么,它就必须持续地从事创造性的工作。

在许多情况下,这是因为创业者自己抱有强烈的危机感,他们感觉到"仅仅依靠现有的产品和服务,将跟不上时代变化的潮流,企业将难以为继"。

京瓷的情况就是这样。如果不能持续开发新产品,公司将会破产。我一直怀有这样的危机感。

京瓷创业初期的产品,是我最早任职的松风工业时代开发的U字型绝缘体,是用在电视机显像管的电子枪里的绝缘零件。当时我们只有这一个产品。它是用我在日本首次开发成功的新型精密陶瓷做成的产品,名叫镁橄榄石,它的高频绝缘性能优良。它给京瓷公司的发展打下了基础。

因为京瓷创业仅靠这个U字型绝缘体,所以作为经营者的我十分担心,一旦U字型绝缘体的订单中断,京瓷马上就会垮台。

这并非杞人忧天,很快就成了现实。U字型绝缘体将被硼硅酸烧结玻璃这种绝缘零件所替代,趋势已经明朗。

1960年前后,硼硅酸烧结玻璃在欧美已经开始使用,在日本,东芝、日立、三菱电机等企业也已经引进。京瓷的客户松下电子工业也提出,不久以后也要用这种产品来代替U字型绝缘体。就是说,京瓷创业时唯一的吃饭产品仅仅过了一两年,就成了风中残烛。

松下电子工业明言,"几个月以后就要用硼硅酸烧结玻璃来替代现有产品,如果京瓷到时不能提供的话,就打算从别的公司采购。"我们虽然也意识到这种情况迟早会到来,但仍然吃惊不小。

这时候如果说一声"做不到"的话,当时已增加至每月50万个的U字型绝缘体的销售一下子就会跌落到零,公司的经营就会地动山摇。因此,我当即表示"京瓷也制造硼硅酸烧结玻璃"。

话虽然说出了口,但是,我们没有有关玻璃方面的专业知识,更没有制造硼硅酸烧结玻璃的技术和设备。

经过调查,得知使用硼硅酸的这种玻璃熔点非常高,而且也弄清了这种原料的成分比例。

紧接着,我们就去拜访位于东大阪一带的几家中小玻璃生产厂家,恳求它们为我们生产这种成分的玻璃。但都遭到了拒绝,他们说"过去从来没有熔融过这样的玻璃"。

功夫不负有心人，最后总算找到了一家小型玻璃厂，同意将熔化原料的窑炉借我们一用。在使用窑炉的那个晚上，我们把几十千克原料装进口袋，放进公司仅有的小车"斯巴尔360"，向东大阪驶去。

但是，当我们把原料放进窑炉升温的时候，玻璃原料不仅没有熔化，我们这边拿过去的耐火的"坩埚"反而烧穿了底，结果把窑炉也破坏了。当时我们不知道必须使用特殊的"坩埚"才能熔化这种玻璃。

这之后，我们更换坩埚，并多次变更原料的配比比例，每晚奔去东大阪的玻璃工厂，熔化原料，试制产品。经过反复试验，总算做出了可以向松下电子工业交货的产品，赶上了U型绝缘体的更新换代。

这一硼硅酸烧结玻璃产品，后来我们又开拓了其他客户，做得最好的时期，京瓷占了日本国内80%的市场份额，一直到2004年这个产品才结束生产，在长达40多年的时间内，为京瓷的经营做出了贡献。

事情就是这样，京瓷从创业初期开始，就必须向新产品、向未知的领域进行挑战，这是宿命。而且，不挑战新事物，公司就无法生存，全体员工都具备这样的危机感。这不是"能"还是"不能"的问题。必须不断发挥独创性，这是市场必然的要求，凡是中小企业都一样。

一般来说，公司必须把自己擅长的事情做彻底，必须磨炼这方面的技术。所谓"选择与集中"，就是要选择自己的强项，把力量集中在发挥特长这一方面，否则就会失败。

的确，这是真理。我也一直向部下强调，要尽可能用自己的"绝活儿"一决胜负。但京瓷的情况是，只靠我们拿手的绝活儿，只靠单品生产，企业还是难以为继，我们一开始就有这种深刻的危机感。基于这种危机感，我们千方百计将硼硅酸烧结玻璃开发成功，并让它事业化。

把开发新产品、新事物植入员工的心中

从那以后，必须不断开发新产品、开拓新事业成了京瓷的习性。作为遗传基因，我认为这已经植入了京瓷员工的心中。

"满足于现状就意味着退步"，公司全体员工都要有这样的意识，保持足够的危机感，努力营造充满活力的公司风气。

基于这种危机感，公司中充满创造创新的氛围，那么就可能掀起前所未有的、超越常识的、飞跃性的技术革新。在京瓷成长发展的历史中，划时代的多层半导体封装的开发成功就是好例。

前面讲到，还处在小企业阶段的京瓷，为了生存，对于当时看来不可能做成的产品，也断言"能行"而拿下订单。但是即使这么做，对于毫无名气的京瓷来说，愿意下订单的公司仍然不多。我们积极地把样品送货上门，但还是很难获得订单。这是因为日本的商业习惯成了障碍，有关公司只跟属于自己系列的子公司做生意。

于是我考虑，不是把重点放在日本国内，而是把产品卖到市场开放的美国去，努力让美国的企业使用京瓷的产品。如果能获得美国的认可，那么，当时有许多从美国引进技术的日本企业也

会积极地使用京瓷的产品,我就是这么考虑的。

20世纪60年代,电子产业开始兴起,如我们身边使用的许多电子设备,我们生活中不可或缺的"集成电路"。位于美国西海岸的硅谷,与半导体相关的企业犹如雨后春笋,纷纷成立。这些企业希望京瓷向它们提供陶瓷零部件,用来保护半导体芯片。这样的商谈越来越多。

在这个开拓美国客户的过程中,到1969年春天,仙童半导体公司提出了要我们做陶瓷多层封装这一全新概念的产品,我们接受了这一要求。

对方的技术负责人这么说:

"硅这种物质适应环境变化的能力很差,需要把它与外面的空气隔离,避免急剧的温度和湿度的变化。同时,从外部进来的电流信号,经过两层电路,再将信号引出。需要制造这种概念的产品。就是说,在精密陶瓷的烧制品中,要将多层电路密封在里面。你们能做出这种封装部件吗?"

客户提出了这样的概念,这是全新的概念,怎样才能做出来,没有人知道。而且客户的要求是,这种划时代的产品在短短的3个月内就要开发出来。无论怎么考虑,这个要求都大大超出了京瓷当时的技术水平。一般来说,只能婉言拒绝,说一声"实在做不出来"。

实际上,美国的陶瓷厂家用陶瓷薄板重叠做了各种试验,结果都失败了。

但是,我并没有按照当时京瓷的技术水平来判断"行"还是"不行"。而是按照客户提出的概念,拼命思考"怎么做才能够成功"。

在拼命持续思考的过程中,一个创意在脑中闪过:"做一个像口香糖那样的东西行不行呢?"

以前用的方法都是把松脆的陶瓷粉末加压成型。这次做一种富有黏性的类似口香糖的东西应该可以吧。另外,用高温烧制的精密陶瓷里面必须有电路通过,那么,用钨这种耐高温的金属粉末做电路行不行呢?我这样思考。

正好在京都有一家叫西阵的染色厂具有丝网印刷技术。制作具有韧性的陶瓷薄片,应用印花技术,在薄片上将糊状的钨粉印刷上去,形成电子回路,然后把薄片与薄片合在一起烧制成产品。

钨在极高的温度下才会熔化,但把它放在普通的炉中烧制,它就会氧化。做到用钨粉制成电路这个阶段,算比较顺利,但必须要在钨不会氧化的炉中烧制陶瓷,为此,就要在炉中充进氢气。

但是,炉温高达1400度,这种情况下向炉内灌进百分之百的氢气就可能引起大爆炸。为了不让氧气混入,我们开动脑筋,将氢气和氮气按照一定比例混合,形成不会爆炸的混合气体注入炉内,这样在烧制过程中钨就不会氧化。开发了这种烧制技术,多层封装这一新概念的产品制作就成功了。

这一陶瓷多层封装的开发成功,成了京瓷飞跃发展的契机。当时,京瓷公司每天都是门庭若市,硅谷的半导体厂家都要求京瓷为其制作陶瓷封装。因为各厂家产品的形状不同,"我们厂需要这种形状的这样的产品",他们纷纷来访京瓷。特别是英特尔,在它的创业者罗伯特·诺依斯执政时期，一直使用京瓷的封装。

京瓷为什么能够开发出卓越的半导体多层封装呢？从根本上来讲，当客户提出"这样的东西你们能做吗"时，用客户描述的概念为基础，在拼命思考的过程中产生了灵感，这种灵感是成功的契机。"这样试试，那样试试"，在反复试验试错的过程中，把灵感变成了事实。

刚开始的时候，只是一个创意，是只靠自己似乎根本无法实现的创意。当时，多层封装这个概念是没有的，所以全世界都认为，这样的东西根本做不出来。有人向我们提出了这个梦幻般的提案，在反复思考中来了灵感，无论如何也要把灵感变为现实，不断地拼命地努力，其结果，半导体多层封装这一崭新的产品诞生了。

回想起来，那确实是一个非常大胆的创意，同时，也是一个引领潮流的划时代的产品。不难想象，市场需求非常巨大。我判断"这行"，于是就在鹿儿岛县的川内市建造了大批量生产的工厂。开始阶段虽然经历了许多辛苦，但后来作为半导体多层封装的生产据点，川内工厂发展非常顺利，一直到今天，这个半导体陶瓷封装作为一个骨干事业，给京瓷的收益不断做出贡献。

席卷全世界半导体产业的陶瓷多层封装的开发成功，带来了京瓷的高速发展。而且在这之后，京瓷也没有停止前进的步伐，接二连三地在电子零部件的开发和事业的多元化方面大踏步前进。在股票上市的同时，股价达到了日本第一。京瓷无可争议地成了日本有代表性的电子零部件厂家。

事业的拓展如此迅速强劲，当时就有不少人问我："你为什么有那样的先见之明？"还有人夸奖我："你总能看清时代的潮流，接二连三打出绝招。"这些说法都是不对的，不是特别的天才，不可能正确地预测未来。

对于公司的将来抱有深刻的危机感，在拼命经营的过程中，就能感觉到新的市场，感觉到时代的要求，如此而已。这就好比在用纯粹的心灵认真忘我工作的过程中，神灵伸出了援助之手，神灵告诉我："这里有市场""应该进入那个事业"。我就是这么想的。

相信成功，把"不可能"丢到九霄云外

当然，即使领先别人一步，早早感觉到新市场的存在，并且率先着手新产品的开发，也未必能够保证成功。即使划时代的新产品的概念已经明确，但要把它变为现实，在这路途中，仍会遭遇各种各样的障碍。

为了超越这样的障碍，成功开发出新产品，也就是企业自我革新，具体应该怎么做才好呢？关于这一点，为了让大家参考，我想再介绍一个京瓷技术开发的事例，就是在复印机、打印机上使用的非晶硅感光磁鼓的开发。

现在，京瓷的滋贺县的工厂生产非晶硅感光磁鼓，京瓷的复印机、打印机之所以具备优越的性能，就是因为它的感光磁鼓覆盖着一层非晶硅的薄膜，不易磨损，寿命很长。

这一开发的起因，可以追溯到1975年，当时准备用非晶硅解决太阳能发电的问题，研究工作刚刚开始。把太阳能转化为

电能，再取出电能，当时认为用非晶硅有效，不少公司开始了研究。现在用在计算器上的非晶硅太阳能电池，就是那时候上市的。

在开发非晶硅太阳能电池的时候，我们了解到非晶硅作为感光体也具备优良的性能。正好大阪府立大学的老师们正在研究感光体，平时他们常来京瓷，谈到了想要使用非晶硅制造感光体，当时还没有企业涉足这项研究。我就决定在鹿儿岛的工厂里开展这项研究。

原以为研究工作很快就能完成，但进展却很不顺利。从研究开始经过了10年，终于报来喜讯："总算做出了一件合格的样品。"我说，"那很好啊！"报告者说："但是，为什么做出来，却不明白。"

"实验结果无法再现，这说明你做实验时是多么马虎。如果你是聚精会神做实验，那么这一件为什么成功，当时的实验条件应该一清二楚，只要在同样条件下再做成一件，问题就一定能解决。"

我严厉地批评他们，指示他们把工作做彻底，让成功再次重现，然而，等了很久很久，成功的报告却杳无音讯。

每次去鹿儿岛出差，夜里我去实验室，把研究人员召集起来，给他们讲道理。但是，可能是疲劳的缘故吧，不管我如何拼命说服，企图向他们注入能量，他们的心性怎么也提不上去。

当我追问开发小组组长时，他脸上写着："这项开发极其困难，不仅是京瓷，全世界有许多大企业都在研究，但现在都放弃了。我认为这项研究不可能成功。"

就是说，开发团队的领导人自己在开发的同时，却认为开发不可能成功。不相信开发可以成功，也不相信从事开发工作的自己这个人。我认为，在这种状态下，成功不会再现，批量生产无法实现，事业无法成立。于是，我就下了决断。

研究设备全部运到京瓷的滋贺县工厂，研究小组人员重新编制，实验重新开始。滋贺工厂有一位优秀的技术员，把设备迁移到他所在的地方，把认为开发可以成功的人集中在一起。我反复向他们强调，给他们注入能量："成功一定能重现，不要被任何成见所束缚，只要用纤细的、纯粹的心灵观察现象，就一定能够在混沌的数据中发现真理，事情一定能成功！"

更换了研究小组的领导人，变成了相信"能够成功"的团队，其结果是，花费10年没能成功的开发项目，仅仅半年不到就成功了。全世界首次非晶硅感光磁鼓的开发就这样成功了。

这种非晶硅感光磁鼓使用寿命之长非同寻常。不管谁家的打印机，印刷了几万张以后磁鼓的寿命就结束了，但是装上了京瓷的非晶硅感光鼓的打印机，哪怕印刷几十万张也不需要更换。

京瓷的打印机因为装上了这种寿命极长的感光磁鼓，不仅经济耐用，而且有利于保护地球环境，因此这一事业大幅扩展。而且这一评价传遍全球，全世界都知道了京瓷的打印机经济实惠，性能优良。

后来这一打印机部门与原三田工业合并，成为现在的京瓷办公信息系统株式会社，在京瓷的整个经营中表现出色。而且由于这个信息设备部门的存在，京瓷从零部件、辅助设备到整机生产，成长为综合性电子厂家，实现了进一步的成长发展。

以上，我以非晶硅感光磁鼓的开发为例，阐述了为了克服障碍，把新产品开发引向成功，实现企业变革，重要的是要相信成功，把所谓的"不可能"丢到九霄云外。

具备纯粹的心灵，很容易就能把困难克服

向革新性的事物发起挑战，特别是世界上不存在的东西，在完全未知的领域进行创造性的活动，没有任何东西可以依靠。

这好比在没有航海图的大海上划着小船，船上没有指南针，周围一片漆黑，伸手不见五指，自己的小船在哪里也不知道。处于这种状况，人往往丧失自信，腿脚发软。船应该划向何处？这时候，唯一可以依靠的，是自己心中的指南针。

企业在进行创造性的产品开发和事业展开的场合，情况也是一样。要进入没人去过的、新的未开拓的领域，既没有可以参考的文献资料，也没有同行业可学习的事例。唯一可以依靠的就是自己心中的指南针。依照心中的指南针自己决定应该前进的方向，除此以外，没有别的方法。

这时候，最重要的是对自己的信任，即具备自信。相信自己，排除心中的杂念妄念。只要没有一丝邪念，用纯粹的心灵正面面对眼前的障碍，就一定能够找到解决的办法，通向成功的道路就会在面前展现。

这在每个研究开发项目上，或在事业开展上，都一样。是否具备相信成功的纯粹的心灵，决定了事业的成败。

关于"纯粹的心灵"所具备的巨大的力量，古印度的梵文中

有这样的格言："伟大人物的行动之所以成功，与其说是因为成功的手段，不如说是因为他心灵的纯粹。"

所谓纯粹的心灵，换句话说，就是行事的动机纯粹，没有私心。为了伙伴，为了员工的幸福，为了公司的未来，只要从这种纯粹的、美好的心灵出发开展事业，哪怕技术、资金、人才等"手段"不足，成功的概率也会大大提高。

即使谁都认为"那么困难的事情，根本不可能实现"的领域，如果是具备纯粹的、美好的心灵的人去干，也很容易就能把困难克服。

关于这一点，英国著名的启蒙思想家詹姆斯·爱伦（James Allen）在他的著作《原因与结果的法则》一书中有以下论述：

"眼前的目标也好，人生的目的也好，比起心地肮脏的人，心灵纯粹的人往往非常容易就能达成。心地肮脏的人因为害怕失败而不敢涉足的领域，心灵纯洁的人随意踏入就轻易获胜，这样的事例并不鲜见。"

詹姆斯·爱伦就是这么说的。回顾我自己的人生，无论是京瓷事业的成长发展也好，进军第二电电也好，还是日本航空的重建也好，无非都是纯粹的心灵引导的结果。

开发新产品也好，进入新市场也好，或者踏入完全不同的领域也好，只要以纯粹的、美好的心灵为基础，就绝无任何恐惧。因为在纯粹的心灵中秘藏着超越任何障碍、战胜任何困难的强大的力量。

从这个意义上讲，在企业里孕育革新的原动力乃是经营者自己的一颗心。提升心性，把它变得纯粹而美丽，这就是孕育创造的源泉。

因此，各位提高心性，创造出新的事业，不断给社会提供新的价值，企业才能为社会所需要，才能长期生存下去。

还有，这一点不仅关乎单个企业的盛衰，而且关系到日本整个经济社会的重生。一开头我就谈到，日本经济停滞不前的原因之一，就是产生不了革新性的技术开发。我认为，这种技术创新的旗手不是大企业，而是能够展开自由发想、积极果断地发起挑战的中小企业。我衷心期待，各位塾生不断地进行挑战，开发出新的产品和服务，创造出新的事业。

我相信，置身于盛和塾这个团队的各位经营者具备充分的可能性，这是因为刚才所讲的纯粹的心灵，你们自然而然就掌握了。

俗话说"物以类聚，人以群分""近朱者赤"。聚集在盛和塾的各位朋友，原本就是为纯粹的心灵所吸引，原本就是因为灵魂与灵魂产生共鸣而成为心灵之友。入塾以后，在不知不觉中，受到感化，心灵不断净化，变得更加纯洁和美丽。

盛和塾的塾生都是企业经营者，其影响不仅停留在你们个人身上。把这样的思想传播到几十名、几百名员工当中，让他们的心灵也能升华，变得更加纯粹。也就是说，这种影响力通过众多塾生传递到地区社会，乃至整个日本。不，传递到全世界，为世界变得更好而助上一臂之力。

盛和塾的活动，不仅对改善企业经营有效，而且对社会也会产生很大的影响，可以成为改革社会、把社会变得更好的一个善举。我认为，只要盛和塾继续存在，这个宗旨就不会改变。

从 1983 年的盛友塾开始，盛和塾的活动开展以来，在长达 30 多年的时间内，我义务地同大家一起切磋琢磨，共同进步。现在我深刻地感受到，这件事对于塾生们心灵的净化，对于企业员工心灵的净化，乃至对于社会的净化，发挥了很大的作用。这对于现在的我而言，是最高兴的事情。

这样卓越的集团，全世界恐怕绝无仅有吧。具备纯粹心灵的经营者超过一万人聚集在一起，说它是独一无二的团体也毫不过分吧。

我今年已经 85 岁了，也经常感觉到疲劳，但是，为了这个卓越的团体，为了真挚学习的塾生，为了塾生企业的员工，今后只要体力许可，我将不惜粉身碎骨，继续致力于盛和塾的活动。

希望聚集在盛和塾的各位塾生，不但要理解在盛和塾学习的内容，而且要通过实践，让自己的企业变得更加优秀，让更多员工获得幸福，对社会的发展做出更大的贡献。谨以上面的祈望结束我今天的讲话。

谢谢大家静听。

盛和塾

稻盛和夫经营研究中心("盛和塾")是企业经营者学习、亲身实践稻盛和夫的人生哲学、经营哲学与实学、企业家精神之真髓的平台。塾生通过相互切磋、交流,达到事业隆盛与人德和合,成为经济界的中流砥柱、国际社会公认的模范企业家。

1983年,京都的年轻企业家们向稻盛先生提出了一个愿望——"给我们讲解应该如何开展企业经营"。以此为契机,由25名经营者组成的学习会启动了。至2019年底,全世界"盛和塾"已发展到104个分塾,除日本外,美国、巴西、中国、韩国相继成立了分塾。

2007年,曹岫云先生率先发起成立中国大陆地区第一家盛和塾——无锡盛和塾,并任首任会长。

2010年,稻盛先生亲自提议成立稻盛和夫(北京)管理顾问有限公司(以下简称"北京公司"),作为总部负责中国盛和塾的运营。

北京公司成立之初,稻盛先生即决定在中国召开塾长例会,即稻盛和夫经营哲学报告会,后更名为盛和塾企业经营报告会。2010年至今,14届盛和塾企业经营报告会先后举办。盛和塾企业经营报告会已成为一年一度企业经营者学习、交流稻盛经营学的盛会。

2019年底,稻盛先生宣布关闭世界范围内的盛和塾,仅保留中国的盛和塾继续运营。2020年11月14～15日,盛和塾第13届企业经营报告会在郑州举办,稻盛经营学研究者、实践者做现场发表,3000余名企业经营者现场参加了会议。

盛和塾成立30多年来,不仅会员人数不断增加,学习质量也不断提高,其中有100多位塾生,他们的企业已先后上市。这么多的企业家,在这么长的时间内,追随稻盛和夫这个人,把他作为自己经营和人生的楷模,这一现象,古今中外,十分罕见。

盛和塾的使命:帮助企业家提高心性、拓展经营,实现员工物质与精神两方面的幸福,助力中华民族伟大复兴,促进人类社会进步发展。

盛和塾的愿景:让幸福企业遍华夏。

盛和塾的价值观:努力、谦虚、反省、感恩、利他、乐观。

盛和塾公众号

盛和塾官方网站

稻盛和夫线上课堂

最新版
"日本经营之圣"稻盛和夫经营学系列
任正非、张瑞敏、孙正义、俞敏洪、陈春花、杨国安 联袂推荐

序号	书号	书名	作者
1	9787111635574	干法	【日】稻盛和夫
2	9787111590095	干法（口袋版）	【日】稻盛和夫
3	9787111599531	干法（图解版）	【日】稻盛和夫
4	9787111498247	干法（精装）	【日】稻盛和夫
5	9787111470250	领导者的资质	【日】稻盛和夫
6	9787111634386	领导者的资质（口袋版）	【日】稻盛和夫
7	9787111502197	阿米巴经营（实战篇）	【日】森田直行
8	9787111489146	调动员工积极性的七个关键	【日】稻盛和夫
9	9787111546382	敬天爱人：从零开始的挑战	【日】稻盛和夫
10	9787111542964	匠人匠心：愚直的坚持	【日】稻盛和夫 山中伸弥
11	9787111572121	稻盛和夫谈经营：创造高收益与商业拓展	【日】稻盛和夫
12	9787111572138	稻盛和夫谈经营：人才培养与企业传承	【日】稻盛和夫
13	9787111590934	稻盛和夫经营学	【日】稻盛和夫
14	9787111631576	稻盛和夫经营学（口袋版）	【日】稻盛和夫
15	9787111596363	稻盛和夫哲学精要	【日】稻盛和夫
16	9787111593034	稻盛哲学为什么激励人：擅用脑科学，带出好团队	【日】岩崎一郎
17	9787111510215	拯救人类的哲学	【日】稻盛和夫 梅原猛
18	9787111642619	六项精进实践	【日】村田忠嗣
19	9787111616856	经营十二条实践	【日】村田忠嗣
20	9787111679622	会计七原则实践	【日】村田忠嗣
21	9787111666547	信任员工：用爱经营，构筑信赖的伙伴关系	【日】宫田博文
22	9787111639992	与万物共生：低碳社会的发展观	【日】稻盛和夫
23	9787111660767	与自然和谐：低碳社会的环境观	【日】稻盛和夫
24	9787111705710	稻盛和夫如是说	【日】稻盛和夫
25	9787111718208	哲学之刀：稻盛和夫笔下的"新日本 新经营"	【日】稻盛和夫

"日本经营之圣"稻盛和夫经营实录（共6卷）

跨越世纪的演讲实录，见证经营之圣的成功之路

书号	书名	作者
9787111570790	赌在技术开发上	【日】稻盛和夫
9787111570165	利他的经营哲学	【日】稻盛和夫
9787111570813	企业成长战略	【日】稻盛和夫
9787111593256	卓越企业的经营手法	【日】稻盛和夫
9787111591849	企业家精神	【日】稻盛和夫
9787111592389	企业经营的真谛	【日】稻盛和夫